Brigitte

MODEKLASSIKER

Brigitte
MODE KLASSIKER
Selber nähen

Von Antje von der Heyde

Mit Fotos von Charlotte March und
Zeichnungen von Sabine Wilharm

Nähtechnik und Schnittbogen:
Angelika Crenshaw

Brigitte Edition
NAUMANN & GÖBEL

Selber nähen, was sonst sehr teuer ist

Ganz gleich, was gerade Mode ist: Es gibt Sachen, die holt man immer wieder aus dem Schrank! Jacketts, schmale Röcke und Bundfaltenhosen zum Beispiel haben so ziemlich jeden Trend überlebt oder wenigstens begleitet. Sie sind die Mode-Klassiker, die man auch dann noch mag, wenn gerade Stretch-Minis, Rüschenblusen oder Schlaghosen angesagt sind. Ihr einziger Nachteil: Sie sind fast immer teuer, denn edle Verarbeitung und gutes Material haben eben ihren Preis! Warum also nicht selber nähen? Da kann man sich Stoff und Schnitt selber aussuchen und alles sitzt wie nach Maß. Was Sie dafür brauchen? Ein paar Grundkenntnisse im Nähen und dieses Buch! Es enthält eine komplette Basisgarderobe und zeigt Ihnen die einzelnen Nähschritte bis ins Detail. Falls Sie schon richtig gut nähen können: Es gibt einige neue Techniken, die Sie vielleicht noch nicht kennen. Am schwierigsten sind natürlich die Jacketts, aber sie sind auch die Stücke, die man am häufigsten anzieht und bei denen man am meisten Geld sparen kann. Es gibt sie in zwei klassischen Grundformen: schmal und leicht tailliert oder weit und locker geschnitten. Danach können Sie Jacken in allen Variationen schneidern, für Sommer und Winter, Alltag und Abend. Dazu kommen Röcke und Hosen in verschiedenen Formen, die die Jacken zum Kostüm oder Anzug machen, aber natürlich auch solo eingesetzt werden können. Alle Modelle gibt es in drei Größen auf dem Schnittbogen, der diesem Buch beiliegt.

Die Vorbereitung

Ein Jackett, ein Kostüm oder eine Hose näht man nicht so schnell mal nebenbei. Den Schnitt herauskopieren, zuschneiden, alles zur Anprobe fertigmachen – das dauert oft länger als das Nähen selbst. Aber je mehr Zeit Sie in eine sorgfältige Vorbereitung investieren, desto schneller geht später das Nähen.

Das brauchen Sie zum Nähen

Natürlich eine Nähmaschine. Aber welche? Eine einfache Haushaltsnähmaschine oder einen regelrechten Nähcomputer mit programmierbarer Stichfolge? Die Kaufentscheidung ist nicht nur eine Frage des Preises. Wenn Sie Spaß an raffinierter Technik haben, Folkloremode lieben oder viel Kinderkleidung nähen, dann ist die Anschaffung einer komplizierten Maschine vielleicht sinnvoll. Sonst nicht. Eine Nutzstichmaschine, die neben den Grundstichen auch Elastikstiche und vielleicht einige Zierstiche näht, reicht allemal. Am besten in einem Nähmaschinenstudio ausprobieren, welcher Typ Ihnen am besten liegt. Ein paar Dinge sollten Sie beachten und vergleichen: Wie fallen die Knopflöcher aus? Wie sieht die Kantenverarbeitung aus? Kommen Sie ohne Probleme mit der Bedienung zurecht?

Eine tolle Ergänzung: die Overlock-Maschine

Wenn Sie richtig viel nähen und Spaß an Kleidungsstücken haben, die auch innen perfekt aussehen, dann sollten Sie sich eine Overlock-Maschine anschaffen. Vor allem, wenn Sie nur eine relativ einfache Nähmaschine besitzen. Die Overlock versäubert und schneidet Kanten so, wie man sie bei gekauften Kleidungsstücken findet, und das sieht natürlich gut aus, gerade bei klassischen Sachen, die man lange hat und oft reinigen läßt. Leider sind diese Maschinen sehr teuer.

Was Sie sonst noch brauchen

Eine gute Zuschneideschere ist eine lohnende Investition. Im Unterschied zur normalen Haushaltsschere ist der untere Winkel dieser Schere so angelegt, daß sie beim Zuschneiden flach aufliegt. Sie gleitet gut über die Unterlage, und der Stoff bleibt glatt liegen. Zum Zeichnen und Übertragen der Schnitteile auf den Stoff brauchen Sie noch ein langes Lineal (mindestens 50 cm) und für „Kurzstrecken“, wie Tascheneingriffe und Knopflöcher, ein Handmaß. Außerdem: gelbes oder weißes Kopierpapier, Schneiderkreide und eventuell farbige Markier- und Kopierstifte. Dampfbügeleisen, Stecknadeln, Maßband und Fingerhut haben Sie vermutlich.

Am besten fein: die Nähmaschinennadel

Für jeden Stoff kann man heute die passende Nadel kaufen: für Jersey, Jeansstoff und Leder und für elastische Stoffe die patente Zwillingsnadel. Feinere Wollstoffe näht man am besten mit Nadelstärke 90, leichtere und dünne Stoffe (Taft!) mit Stärke 70 bis 80. Wichtig: Die Nadeln oft auswechseln, eine stumpfe Nadel beschädigt den Stoff!

Wichtig fürs Innenleben: die Einlage

Seit es so viele verschiedene aufbügelbare Einlagen gibt, ist gerade das Nähen von Jacketts viel einfacher geworden. In jedem Kaufhaus findet man eine große Auswahl in verschiedenen Stärken. Wir haben beim Nähen unserer Jacketts fast immer eine relativ dünne Einlage (Vlieseline, Stärke H 180) genommen, für dünne Stoffe ebenso wie für dicke. Eine feste Einlage macht ein Kleidungsstück oft steif und unschick.

Richtig Maß nehmen

Fünf Maße sind wichtig: Brust-, Taillen- und Hüftumfang sowie die vordere und die hintere Taillenlänge. Bei Hosen müsssen Sie noch die innere Hosenlänge und – vor allem bei engen Hosen – eventuell noch Oberschenkel und Waden messen und mit dem Schnitt vergleichen. Für den Brustumfang das Maßband von hinten nach vorn über die stärkste Stelle des Busens legen. Um die Taille – da, wo sie am dünnsten ist - ein Band oder ein gelochtes Zentimetermaß legen, fixieren und messen. Die Hüftweite nicht über dem Hüftknochen, sondern an der stärksten Stelle über dem Po messen, etwa 20 cm unterhalb der Taille. Die vordere Länge mißt man von der Schulter am Halsansatz über den Busen bis zum Taillenband, die rückwärtige Länge vom Halswirbel bis zum Taillenband. Sie kennen gewiß Ihre Konfektionsgröße, sollten aber vorsichtshalber noch mal alle Maße kontrollieren, wenn Sie den Schnitt abgenommen haben. Faustregel: Der Jackenschnitt muß – vor allem über Busen und Po – rundum gemessen mindestens acht Zentimeter Spielraum haben, sonst ist das fertige Kleidungsstück zu eng.

Maßtabelle (Körpergröße 1,68 m)

	Größe	38	40	42
Körpermaße in cm	Brustumfang	88	92	96
	Hüftumfang	94	98	102
	Taillenumfang	70	74	78
	Rückenlänge	42	42	42
	Vordere Länge	44	44,5	45,5
	Rückenbreite	35	36	37
	Armlänge außen	60	60	60
	Oberarmumfang	28	29	30

So machen Sie einen guten Schnitt

Für das Herauskopieren der Schnitteile aus dem Schnittmusterbogen nehmen Sie Packpapier, spezielles Schnittpapier oder Schnittfolie (alles im Kaufhaus oder Fachgeschäft erhältlich). Schnittfolie wird einfach auf den Schnittbogen gelegt und mit einem speziellen Kopierstift durchgezeichnet. Schnittfolie ist reißfest und schmiegsam, deshalb kann man den Schnitt schon mal mit Klebestreifen zusammenkleben und provisorisch anprobieren. Sonst ist Packpapier besser, weil man an den festen Papierkanten gut entlangzeichnen oder -radeln kann. Das Packpapier unter den Schnittbogen legen und die Linien durchradeln.

Wenn der Schnitt nicht paßt

Unten sehen Sie ein einfaches Schema, nach dem Sie die Schnitte verkleinern oder vergrößern können. Zu stark sollte die Korrektur allerdings nicht sein. Wichtig ist, daß man die Weite nicht einfach an den Seiten zugibt oder abnimmt. Wenn Sie einen teuren Stoff gekauft und den Schnitt noch nicht ausprobiert haben, lohnt es sich, das Modell aus Nessel mittlerer Stärke zuzuschneiden und zusammenzunähen. Das ist vor allem bei Jacketts wichtig – falls Sie viel Busen oder einen sehr breiten Rücken haben. Die in diesem Buch gezeigten Modelle wurden übrigens alle in derselben Größe (38) genäht. Wir haben sie dann an Fotomodellen mit ganz unterschiedlichen Proportionen fotografiert, und sie haben allen gut gepaßt. Unsere Schnitte haben also ein gutes „Mittelmaß“.

Schnitt vergrößern: Papierschnitt längs und quer auseinanderschneiden und mit etwa 1 cm Abstand neu zusammenkleben.
Schnitt verkleinern: Papierschnitt längs und quer zusammenfalten.

Das Zuschneiden

Klar, das geht am besten auf einem großen Tisch oder einem glatten Fußboden. Wer beides nicht hat, kann sich so behelfen: Den Stoff auf dem Teppich auslegen, alle Schnitteile nach dem Schnittauflageplan aufstecken und dann nach und nach auf einem kleineren Tisch zuschneiden. Neben dem Tisch einen Stuhl aufstellen, der verhindert, daß die Stoffbahn herunterzieht.
Meist wird in doppelter Stofflage (rechte Stoffseite innen) zugeschnitten. Da die Stoffe für klassische Mode fast immer 140 cm breit liegen, sind wir von dieser Breite ausgegangen. Wichtig ist, daß die Webkanten schön glatt aufeinanderliegen und daß der Stoff keine Falten schlägt. Nun die Schnitteile auflegen und feststecken. Man kann den Stoff auch mit einigen kleinen Gegenständen beschweren – das ist Geschmackssache. Fürs Aufstecken sollten Sie sich ein paar kräftige und lange Stecknadeln (die mit den bunten Köpfen) besorgen.

Vor dem Zuschneiden: alle Stoffe bügeln

Fast alle Wollstoffe laufen während der Verarbeitung durch das häufige Feuchtbügeln etwas ein; weiche, flauschige oder locker gewebte Stoffe mehr, feste glatte Kammgarnstoffe wenig oder gar nicht. Um das Einlaufen vorwegzunehmen, sollten Sie jeden Stoff vor der Verarbeitung mit viel heißem Dampf abbügeln. Taftfutter mit der Bügeleisen-Einstellung „Seide“ bügeln. Es gibt Stoffe mit „Strich“ wie Loden, Samt oder Cordsamt. Den Strich kann man fühlen, und es ist ganz wichtig, daß er beim Zuschneiden in eine Richtung läuft. Das bedeutet unter Umständen mehr Stoffverbrauch!

Jacketts

Ob sportlich, lässig oder elegant – die Jacketts in diesem Kapitel haben denselben Grundschnitt: Ärmel- und Rückenpartie sind gleich. Das unterschiedliche Aussehen ergibt sich durch andere Kragen, Taschen, Revers und natürlich durch den Stoff.

Die Nähanleitung für dieses Jackett finden Sie ab Seite 35

Einreihig geknöpftes Jackett

Dies ist der Grundschnitt: ein Jackett aus Wollkrepp mit mäßig breiten Revers, kleinem Kragen und schmalen Leistentaschen. Die leicht taillierte Form bekommt es durch eingesetzte Seitenteile, eine Naht im Rücken und schmale Abnäher. Auf den nächsten Seiten wird mit detailgenauen Zeichnungen Schritt für Schritt erklärt, wie das Jackett entsteht. Nach dieser Anleitung können Sie – bis auf Abweichungen bei Kragen und Taschen – auch alle anderen Jacken nähen.

Schnittauflageplan

Fig. 1 Vorderteil
Fig. 2 Seitenteil
Fig. 3 Rückenteil
Fig. 4 Oberärmel
Fig. 5 Unterärmel
Fig. 6 Kragen
a Beleg (Fig. 1)
b Taschenleiste mit Taschenbeutel

Gr. 38 —•—•—•—•
Gr. 40 =★=★=★=★
Gr. 42 —○—○—○—○

Stoffverbrauch

2,10 m Stoff, 140 cm breit; 1,40 m Futterstoff, 140 cm breit; 1,40 m Vlieseline H 180, 60 cm breit; Knöpfe und Schulterpolster.

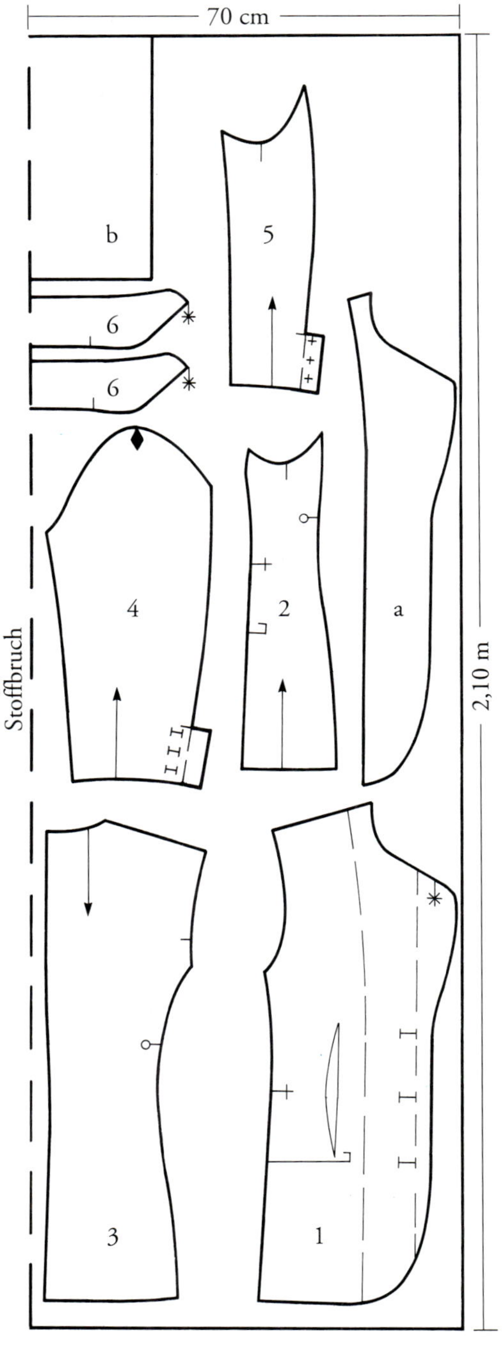

Einreihig geknöpftes Jackett: Das Grundmodell

Das Zuschneiden: Kopieren Sie den Schnitt, wie auf Seite 12 beschrieben, aus dem Schnittbogen heraus. Die Schnitteile für die Belege noch einmal extra herauskopieren, eine gestrichelte Linie zeigt die Breite an. Legen Sie nun alle Schnitteile nach dem Schnittauflageplan auf den Stoff, und schneiden Sie in doppelter Stofflage (rechte Seite innen) zu. Für die Nähte beim Zuschneiden 2 cm, für die Kanten 1 cm und für die Säume 4 cm Naht zugeben. Den Oberkragen etwas größer zuschneiden als den Unterkragen. Zwei Taschenbeutel (20 x 40 cm) zuschneiden (die „Leisten“ sind angeschnitten). Die Vorderteile auch aus Vlieseline zuschneiden, außerdem den Unterkragen, zwei Streifen (1,5 x 16 cm) für die Leistentaschen und zwei Streifen (10 x 10 cm) zur Verstärkung bei der Taschenverarbeitung in den Seitenteilen. Das Futter erst nach der ersten Anprobe zuschneiden, wenn alle Änderungen gemacht sind: abzüglich Belegbreite und mit nur 1 cm Nahtzugaben.

Das Markieren: Die Vlieseline für die Vorder- und Seitenteile auf den Stoff stecken **(Zeichnungen 1 und 3)**. Die Einlage mit dem Dampfbügeleisen bei schwacher Wärme leicht auf dem Stoff fixieren. Dabei das Eisen immer wieder hochheben, nicht hin- und herschieben! Wenn die Einlage leicht und glatt auf dem Stoff haftet, die Einlage noch einmal mit feuchtem Tuch bei stärkerer Hitze regelrecht aufpressen, damit sich Stoff und Einlage verbinden. Erst wenn die Einlage fest aufgebügelt ist, die Schnittlinien mit Schneiderkreide **(Zeichnung 2)** oder Kopierstift markieren. Ärmel, Kragen und Rükkenteile ebenfalls markieren. Beim Übertragen der Schnittlinien auf die andere Stoffseite Kopierpapier unterlegen und die Linien mit dem Kopierrädchen übertragen.

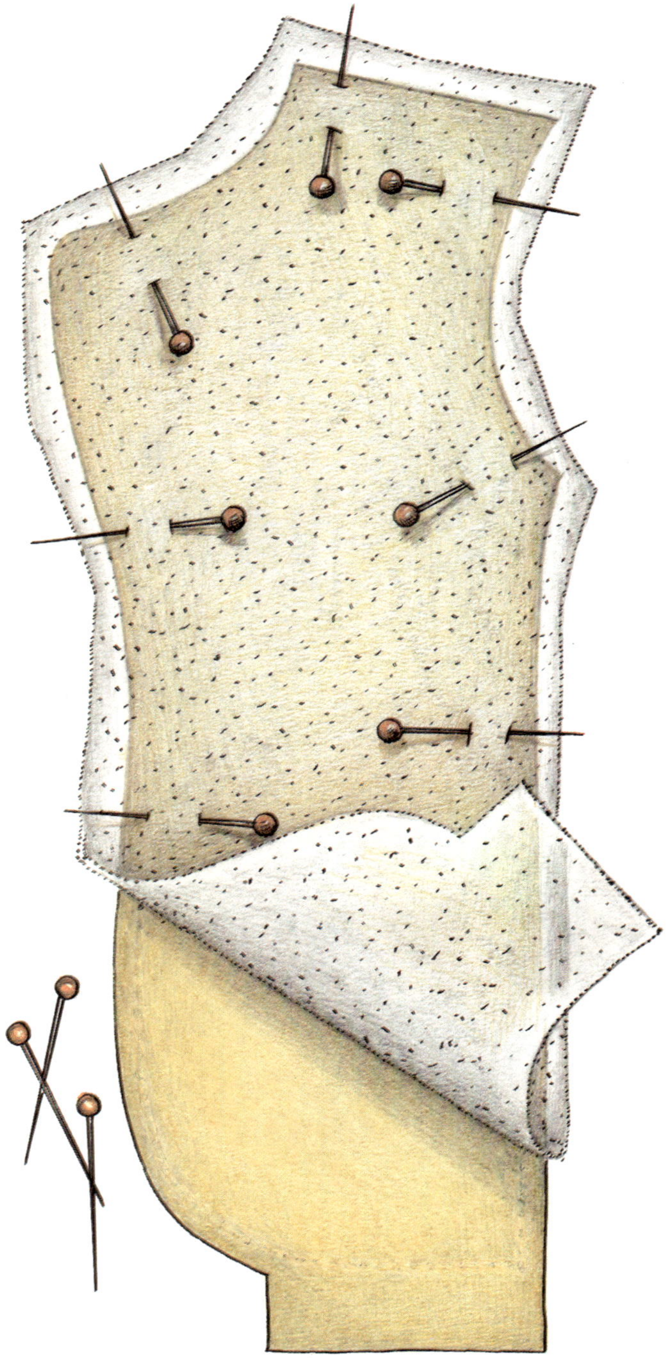

1

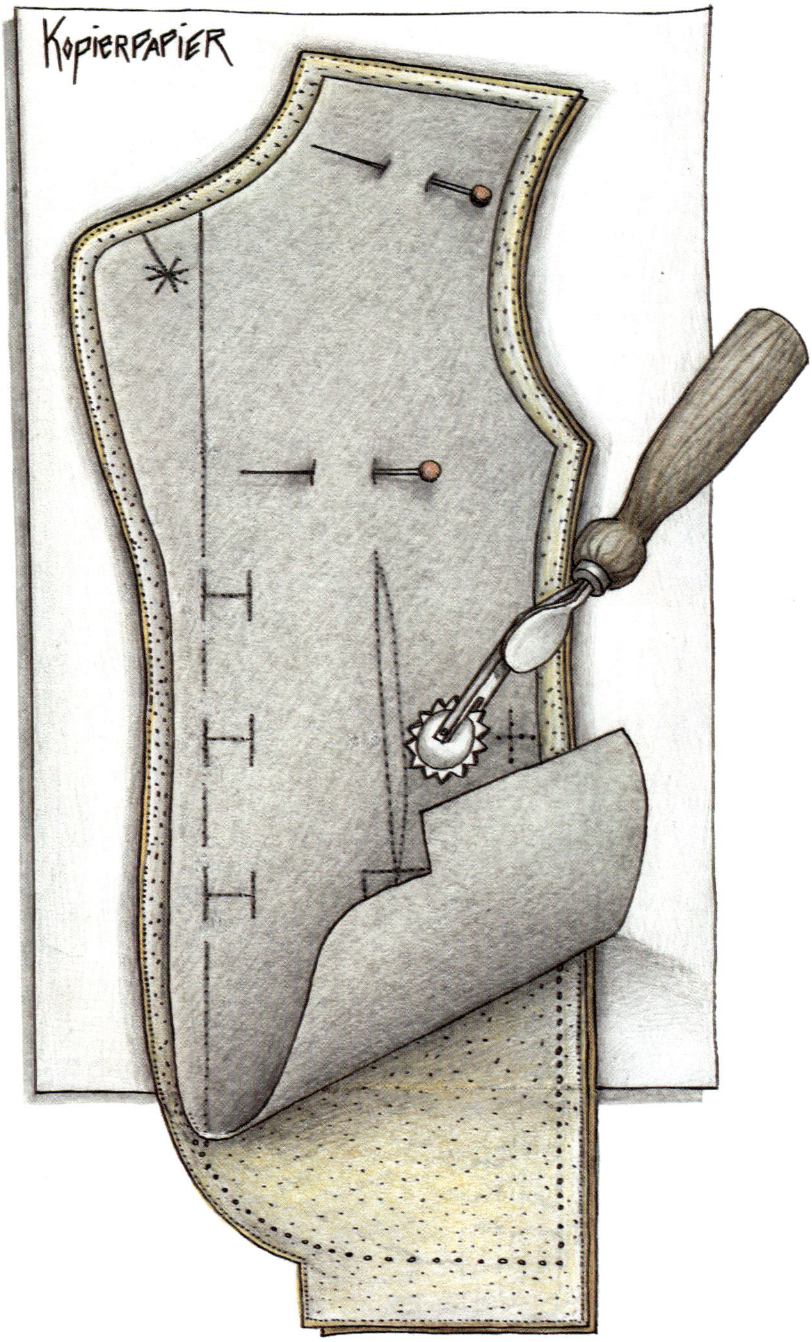

2

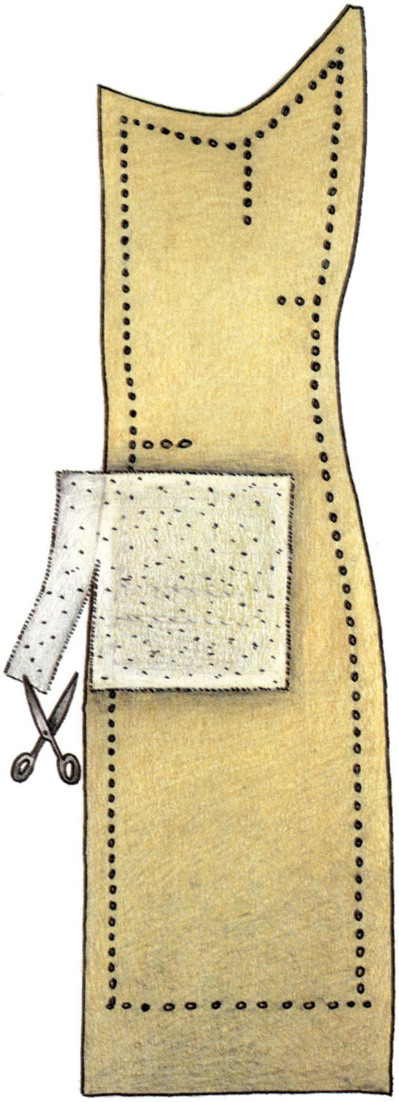

3

Alle Linien, die später auf der rechten Seite sichtbar sein sollen, müssen Sie mit Heftgarn „durchschlagen" – so heißt der Fachausdruck für die Methode, wichtige Schnittlinien auf die rechte Stoffseite zu übertragen. Hier sind es die Säume, alle Querzeichen, die Taschenmarkierungen, die Ärmelansatzlinien, die vordere Mitte und die Linien für die Knopflöcher **(Zeichnungen 4, 5 und 6)**. Heften Sie mit doppeltem Faden und etwas größerem Heftstich je zweimal durch die doppelten Stofflagen, und lassen Sie bei jedem dritten Stich eine Schlaufe stehen. Ziehen Sie die beiden Stofflagen vorsichtig auseinander,und schneiden Sie die Fäden von innen in der Mitte auf. So sind auch auf der rechten Stoffseite alle wichtigen Markierungen zu sehen. Nehmen Sie dafür richtiges Heftgarn und kein normales Nähgarn, es ist etwas rauher und haftet besser im Stoff – die Fäden rutschen nicht so leicht heraus.

Heften: Nun die Abnäher, die hintere Mittelnaht, die vorderen und rückwärtigen Teilungsnähte und die Schulternähte schließen. Wenn Sie den Schnitt schon mal ausprobiert haben, können Sie gleich mit der Maschine nähen. Sonst besser heften – vor allem die Seitenteile.

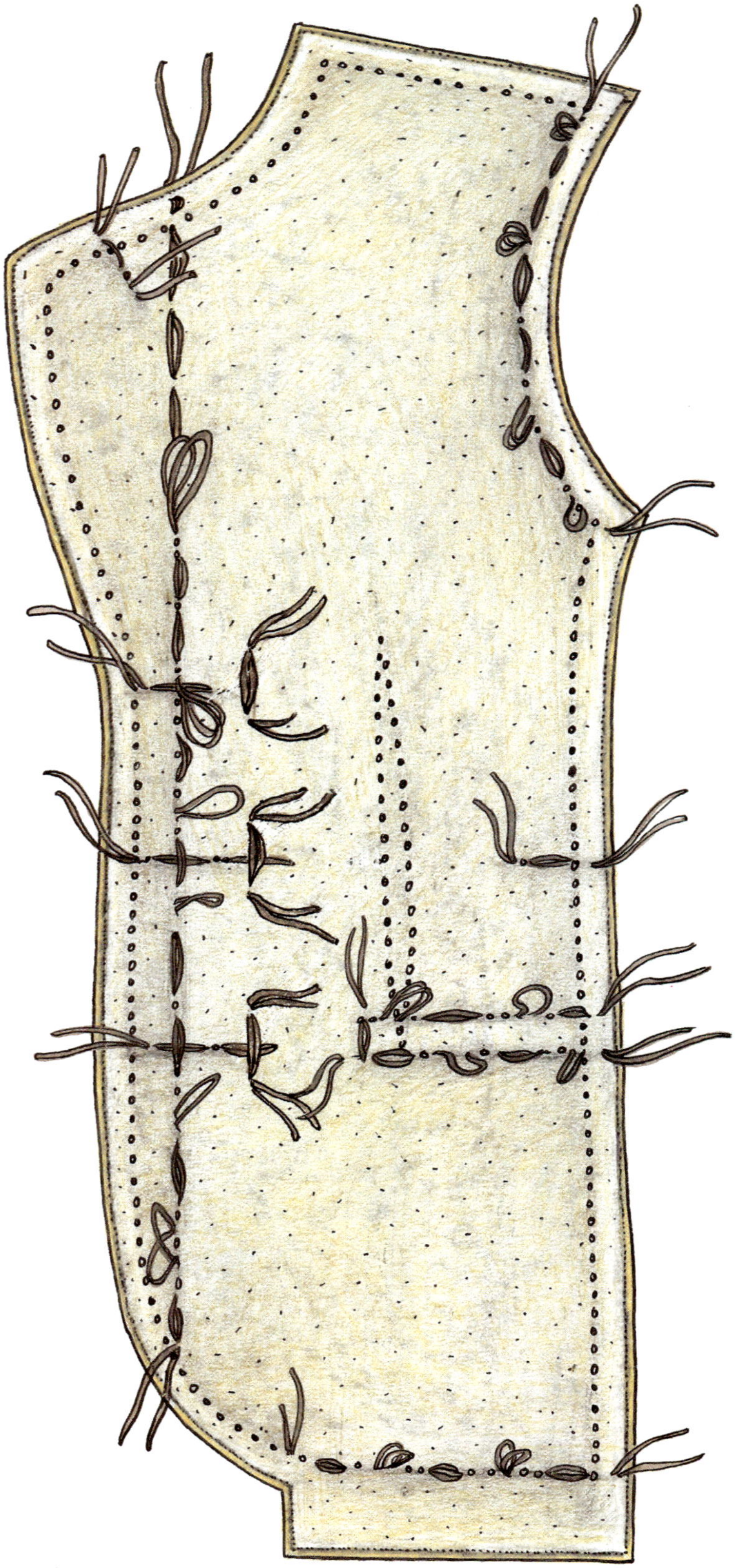

4

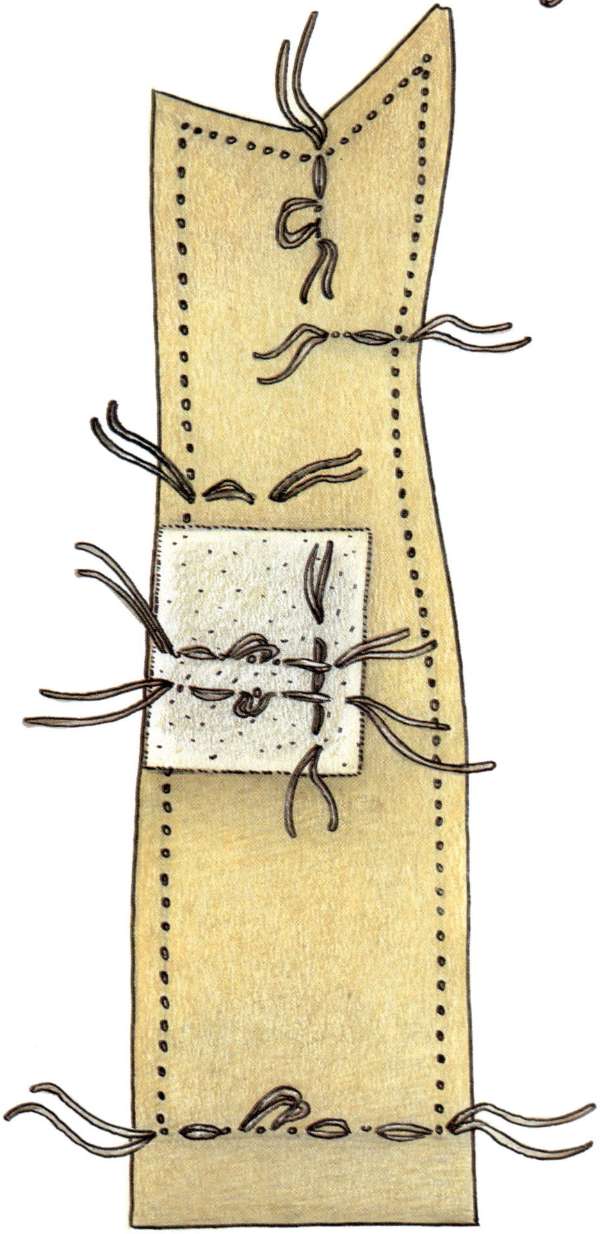

5

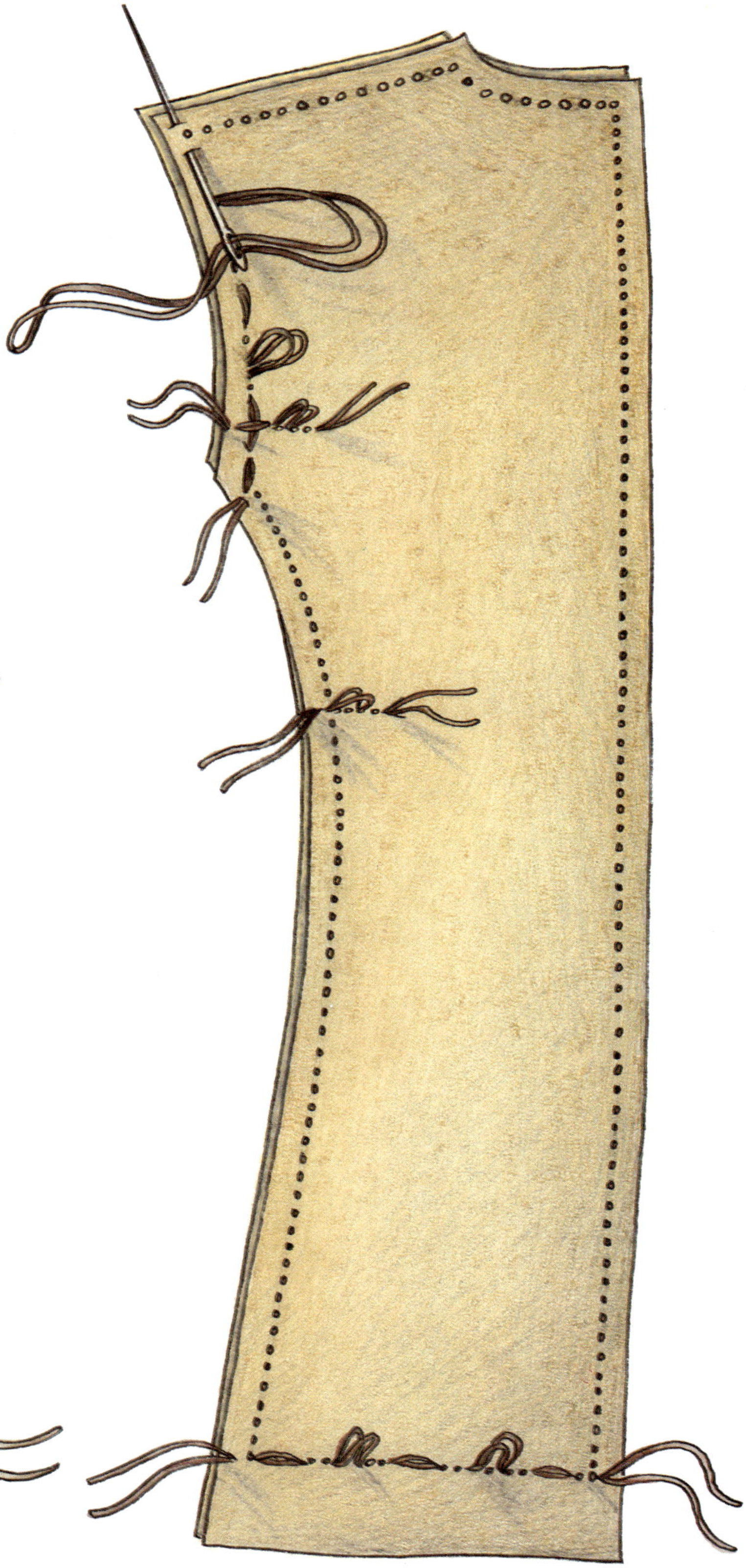

6

Ärmel und Kragen für die erste Anprobe vorbereiten:
Die Ärmelnähte bis zu den Schlitzen schließen und die Nähte leicht ausbügeln **(Zeichnung 1)**. Die Ärmelsäume und -schlitze sind auch mit Heftgarn „durchgeschlagen“, damit man die Ärmellängen bei der Anprobe besser festlegen kann. In den Armkugeln mit einem großen Steppstich der Nähmaschine zweimal entlangnähen. Die Weite der Armkugeln vorsichtig etwas einziehen und die Weite mit dem Dampfbügeleisen oder einem feuchten Tuch leicht einbügeln **(Zeichnung 2)**. Auf den Kragen erst Vlieseline aufbügeln **(Zeichnung 3)**, dann die Linien markieren.

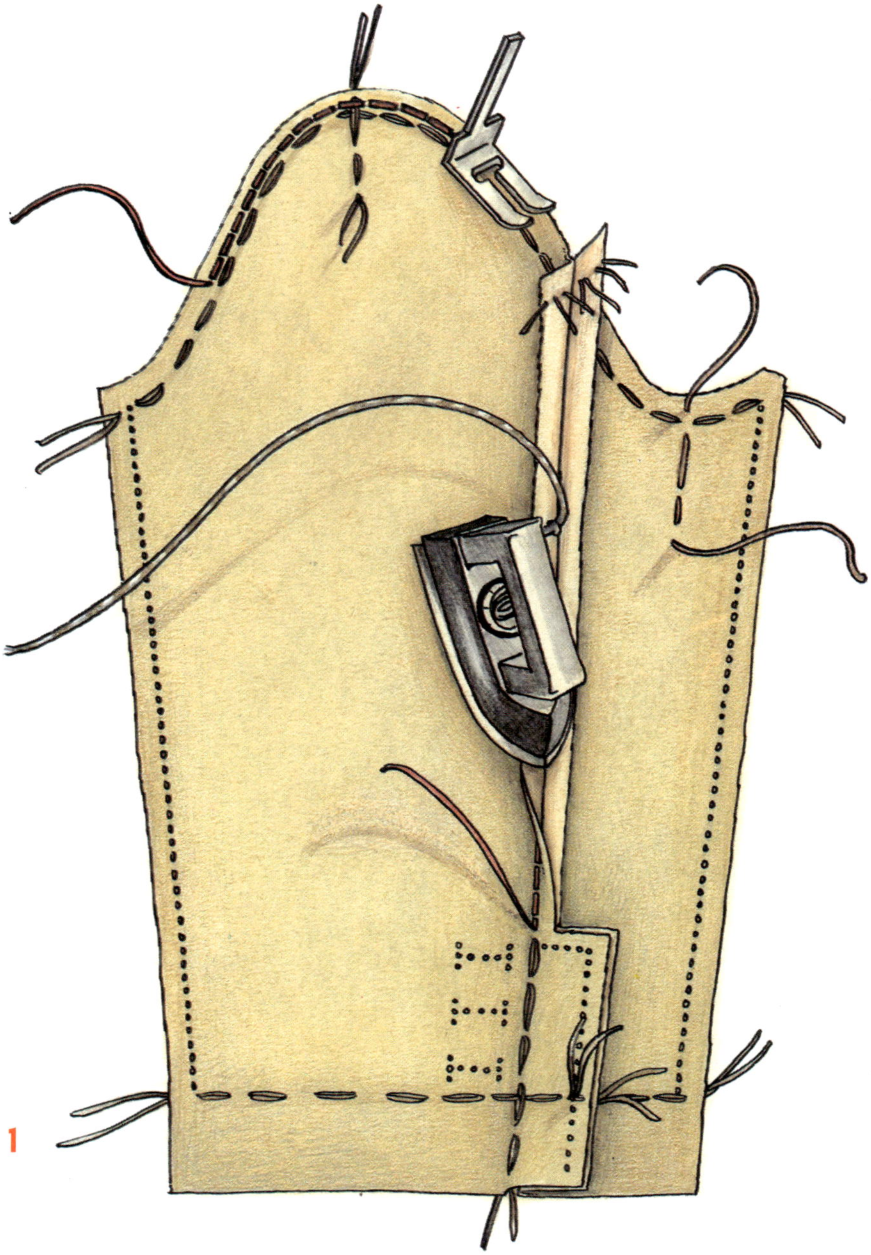

1

Spannender Moment, die erste Anprobe:
Schulter-, Rücken- und seitliche Teilungsnähte sind geschlossen, nun müssen Sie noch den Unterkragen und die Ärmel einheften (Querzeichen beachten!) und die Säume umheften. Alle Nähte und Säume mit feuchtem Tuch oder Dampfbügeleisen leicht bügeln. Das Bügeln ist wichtig, weil Sie so gleich den richtigen Eindruck von Ihrer Jacke bekommen, auch wenn Sie später wieder trennen und ausbügeln müssen. Ein allzu unfertig aussehendes Stück verdirbt bei der ersten Anprobe die Laune. Man bekommt einfach keine Vorstellung davon, wie das fertige Jackett

2

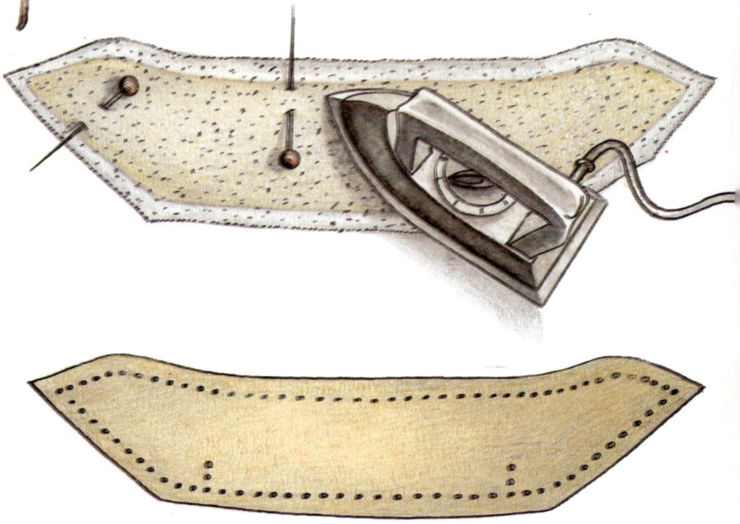

3

aussehen wird. Vor dem Anziehen noch kleine, runde Raglanpolster unter die Schulternähte schieben und feststecken. Sie sollen etwa einen Zentimeter in die Armkugeln hineinragen. So wirken die Schultern gerade, aber nicht breit. Wenn Sie niemanden haben, der Ihnen bei der Anprobe hilft, sollten Sie einen zweiten, möglichst großen Spiegel bereitstellen, in dem Sie sich auch von hinten gut sehen können.

Tip: Wenn Sie bei der Anprobe etwas ändern, dann übertragen Sie diese Korrekturen am besten direkt auf den Schnitt. So ist er für Jacken, die Sie später danach nähen, ein für allemal perfekt.

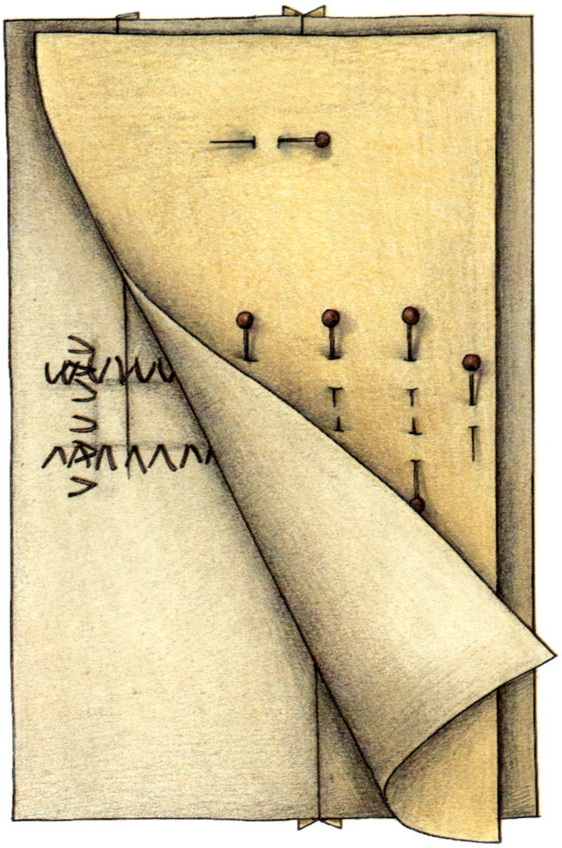

1

4

Jetzt beginnt die Feinarbeit. Die Taschen:

Nur wenn Sie den Schnitt schon einmal ausprobiert haben, können Sie die Taschen schon vor der Anprobe einarbeiten. Wenn nicht, müssen Sie jetzt die Schulternähte und die rückwärtigen Teilungsnähte leider wieder auftrennen, damit bei der etwas kniffligen Taschenverarbeitung nicht die ganze Jacke im Wege ist. Auf der mit Durchschlagfäden markierten Tascheneingriffslinie das Taschenbeutelteil (Stoffseite rechts auf rechts) auflegen, feststecken oder lose anheften (**Zeichnung 1**). Auf der linken Stoffseite genau in der mit Durchschlagfäden markierten Linie mit Lineal und Schneiderkreide (oder mit Bleistift, je nach Farbe der Einlage) eine Art „Riesenknopfloch" (1,5 x 16 cm) einzeichnen und steppen. Vor dem Steppen die Durchschlagfäden herausziehen. In den Ecken mit ganz kleinen Stichen steppen und die Ecken einschneiden (**Zeichnung 2**). An die untere Linie für die spätere „Leiste" einen 1,5 x 16 cm breiten Streifen Vlieseline anlegen und aufbügeln. (Auf der **Zeichnung 3** ist von der Vlieseline links in der Ecke ein Stück zu sehen, sonst ist sie hier verdeckt.) Das Stoffteil durch den Schlitz auf die linke Seite ziehen (**Zeichnung 3**). Genau an der oberen Vlieselinekante eine 1,5 cm breite „Leiste" falten, umheften und bügeln (**Zeichnung 4**). Auf der rechten Stoffseite erscheint jetzt schon die spätere Leiste. Nun auf der rechten Stoffseite in der unteren Ansatzlinie mit farblich exakt passenden Nähfäden entlangsteppen und von innen die kleinen Ecken feststeppen (**Zeichnung 5**). Zuletzt den oberen Teil des Taschenbeutels herunterklappen und so zusammennähen wie es die **Zeichnung 6** zeigt. Die Taschenbeutel nach unten leicht abrunden.

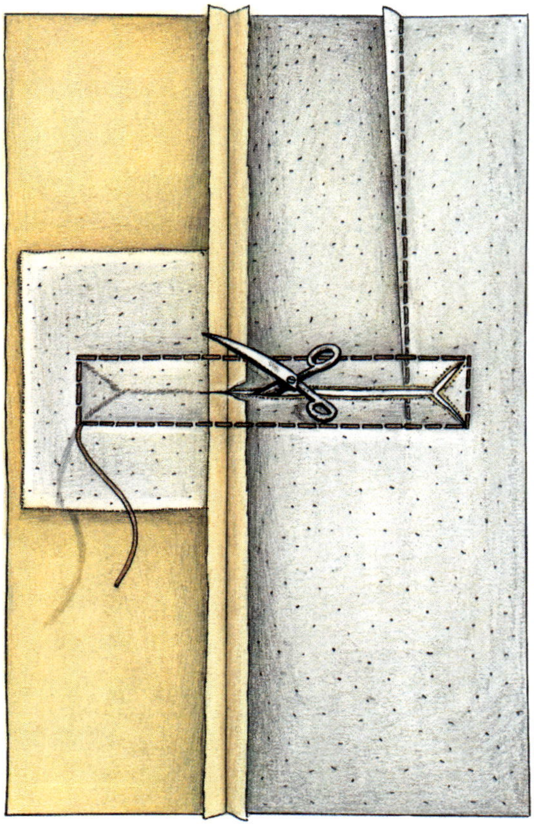

2

3

5

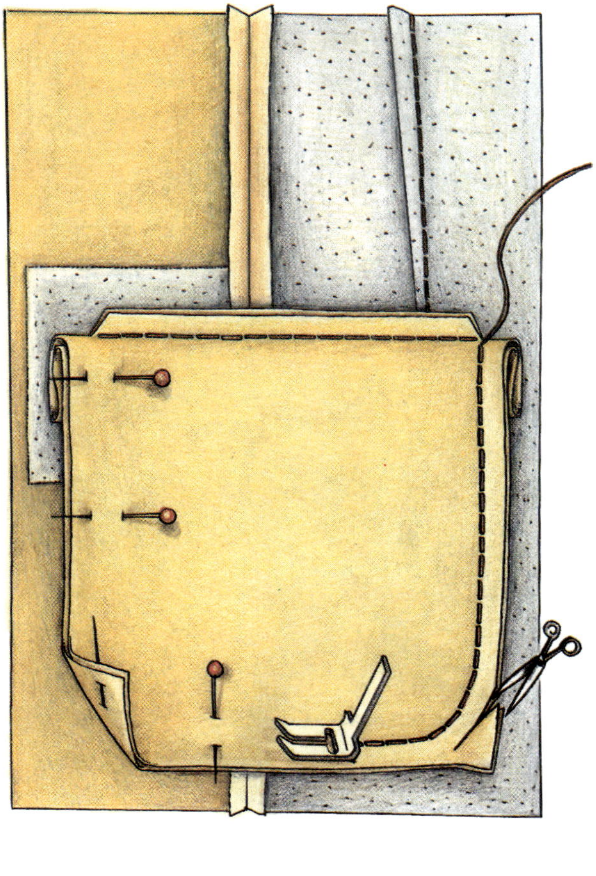

6

Der Kragen wird fertiggenäht: Auf den Unterkragen Vlieseline aufbügeln (falls Sie das nicht schon vor der ersten Anprobe gemacht haben). Erst dann den Schnitt auflegen und alle Linien mit Kreide oder Kopierstift markieren **(Zeichnung 1)**. Nur die oberen und vorderen Kanten des Kragens verstürzen, die unteren offenlassen **(Zeichnung 2)**. Die Kanten auseinanderbügeln: durch diesen Trick werden sie später schön flach. (Das klingt, als sei es ein Widerspruch. Es ist aber wirklich so!) Den Kragen nach rechts wenden und die Kanten so durchheften, daß beim Oberkragen die Naht nicht zu sehen ist. Der Oberkragen braucht etwas Spielraum, deshalb ist es wichtig, an der Kragenansatzlinie des Oberkragens etwas mehr Naht zuzugeben. Den fertig verstürzten Kragen über der Hand einmal umschlagen und durchheften **(Zeichnung 3)**. Nur so kann er richtig „rollen“.

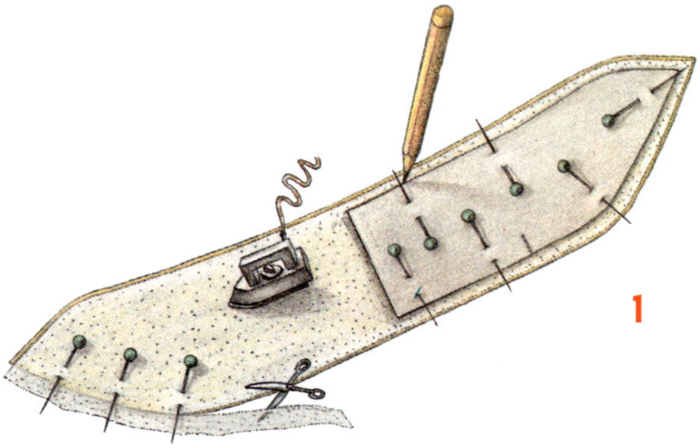

1

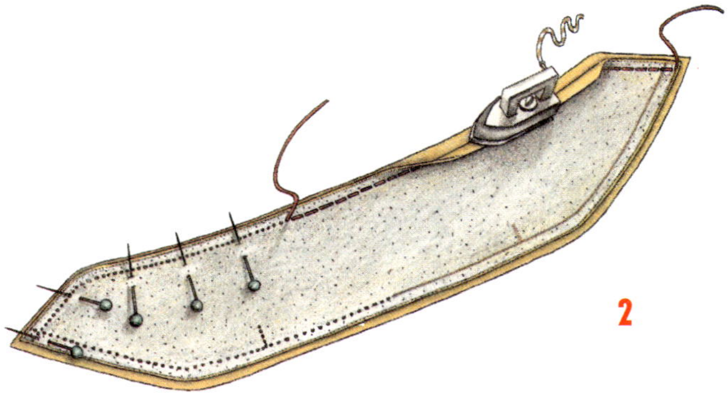

2

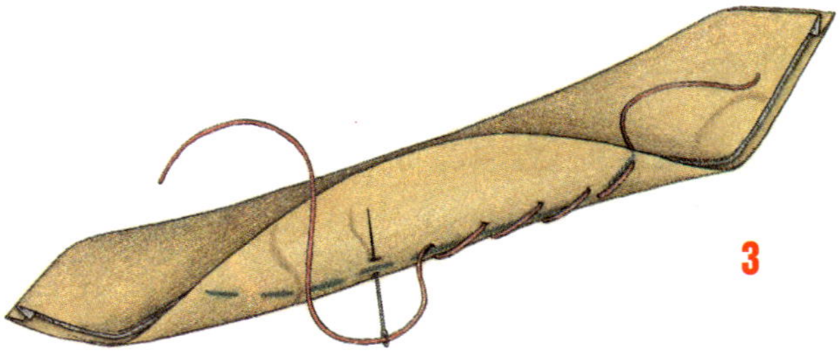

3

Zusätzlicher Schmuck: eine schräge Leistentasche. Ganz perfekt wirken manche Jacketts, wenn sie noch eine schräge Brusttasche haben. Das Modell auf Seite 98 zeigt es. So wird diese Tasche genäht: Markieren Sie die Ansatzlinie der Leiste mit einem Heftfaden, und zeichnen Sie 1 cm darüber auf der linken Seite noch eine Linie ein, die Sie mit Heftfaden ebenfalls auf die rechte Stoffseite übertragen. Diese Linie ist – wie **Zeichnung 4** zeigt – an den Seiten etwas kürzer. Schneiden Sie nun einen 6 x 12 cm breiten Streifen für die Leiste zu, und bügeln Sie auf die Hälfte von links einen Vlieselinestreifen. Die Leiste an beiden Seiten verstürzen, wenden, bügeln und die obere Linie (den Stoffbruch) knappkantig absteppen. Die fertige Leiste von rechts nach unten zeigend auf die Markierungslinie heften und ein Taschenbeutelteil aus Futterstoff (14 x 25 cm) darüberlegen und feststecken **(Zeichnung 5)**. Steppen Sie jetzt die Leiste von links in der Markierungslinie fest, und nähen Sie auch die darüberliegende, kürzere Linie entlang.

Schneiden Sie den Stoff nun zwischen den beiden Stepplinien ein, in den Ecken schräg. Den Taschenbeutel auf die linke Seite ziehen und die Leiste nach oben bügeln. Die Ansatznaht der Leiste knappkantig absteppen. Den Taschenbeutel schließen **(Zeichnung 6)** und zum Schluß die Leiste von rechts an beiden Seiten feststeppen **(Zeichnung 7)**.

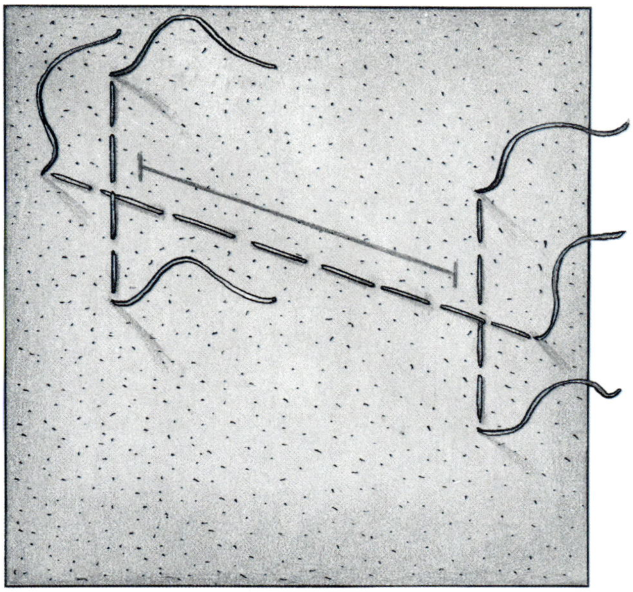

4

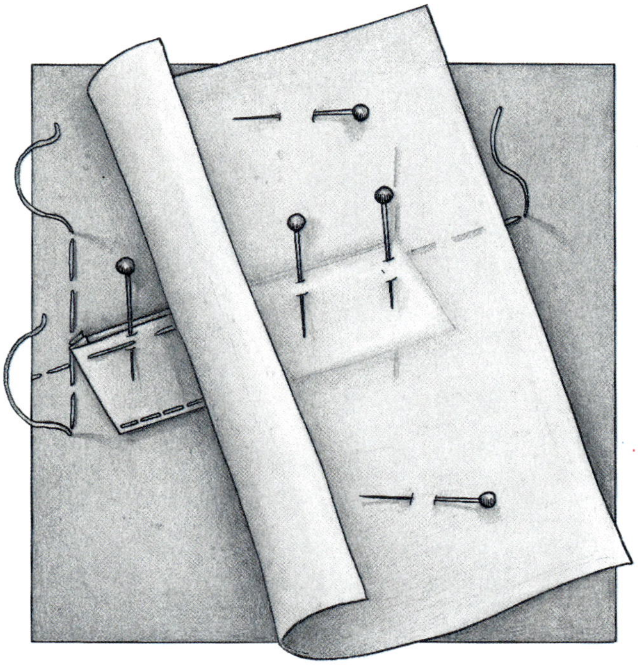

5

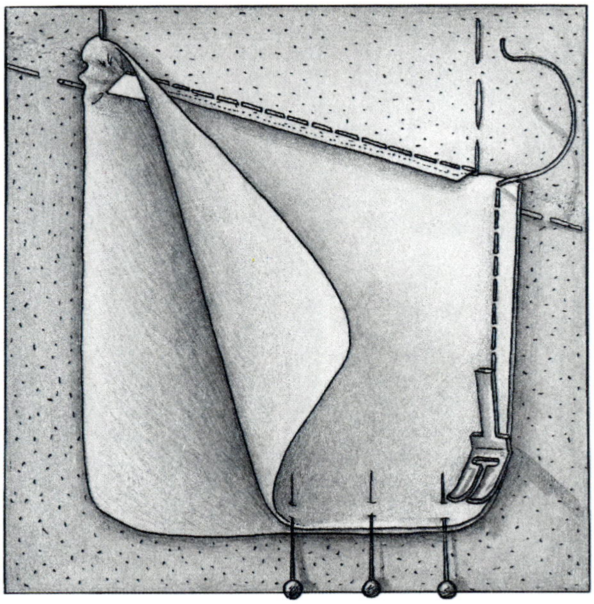

6

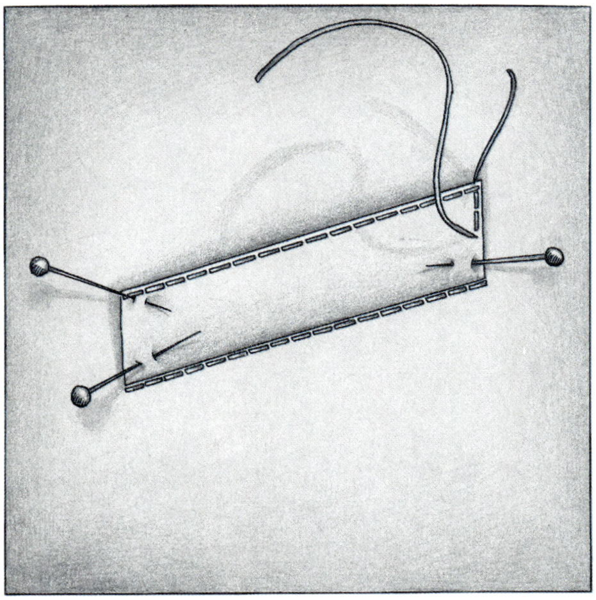

7

Jetzt kommen die Ärmelschlitze dran: Für die Anprobe haben Sie schon Oberärmel (das breitere Schnitteil) und Unterärmel (das schmalere Schnitteil) miteinander verbunden und dabei einen Schlitz offengelassen. Nähen Sie nun am Ärmelobertritt eine sogenannte „Briefecke" ein: Schneiden Sie den Stoff so ab, wie es **Zeichnung 1** zeigt. Ziehen Sie die Stecknadeln heraus, wenden Sie den Stoff nach links, und steppen Sie die kurze schräge Naht. Die Naht ausbügeln, dann das Ganze wieder nach rechts wenden. Die untere Kante am Untertritt mit dem Saum verstürzen **(Zeichnung 1)**. Den Sitz der Knopflöcher markieren **(Zeichnung 2)** und die Knopflöcher – von Hand oder mit der Maschine – einsticken (siehe Seite 39). Die kurze Quernaht steppen, dafür den Obertritt auf den Untertritt stecken. Den Platz für die Knöpfe markieren. Zum Schluß die kurze Längsnaht schließen und die Ärmelsäume festnähen **(Zeichnung 3)**. Knöpfe annähen **(Zeichnung 4)**.

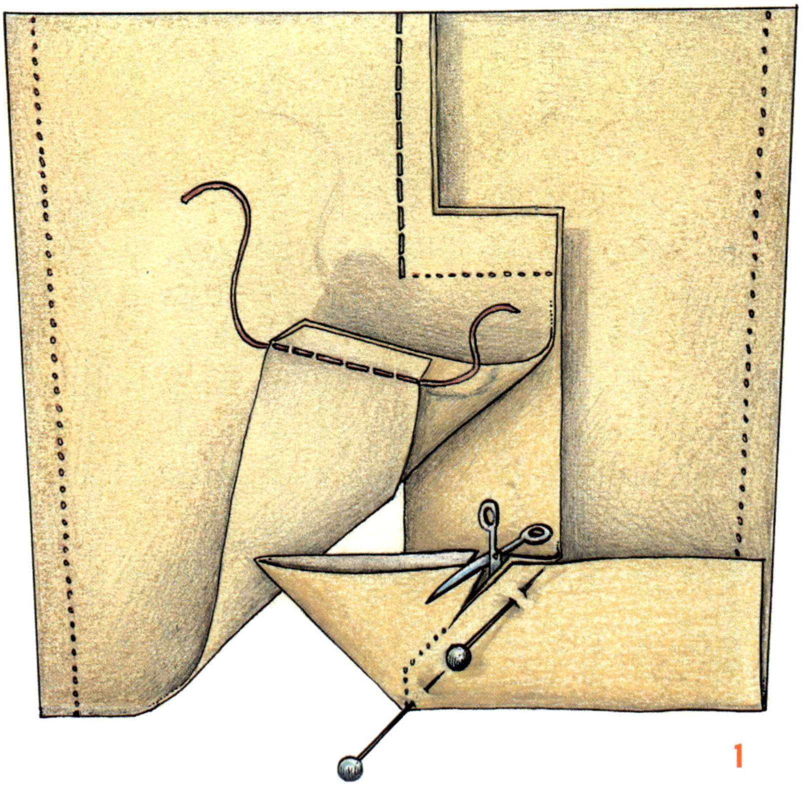

1

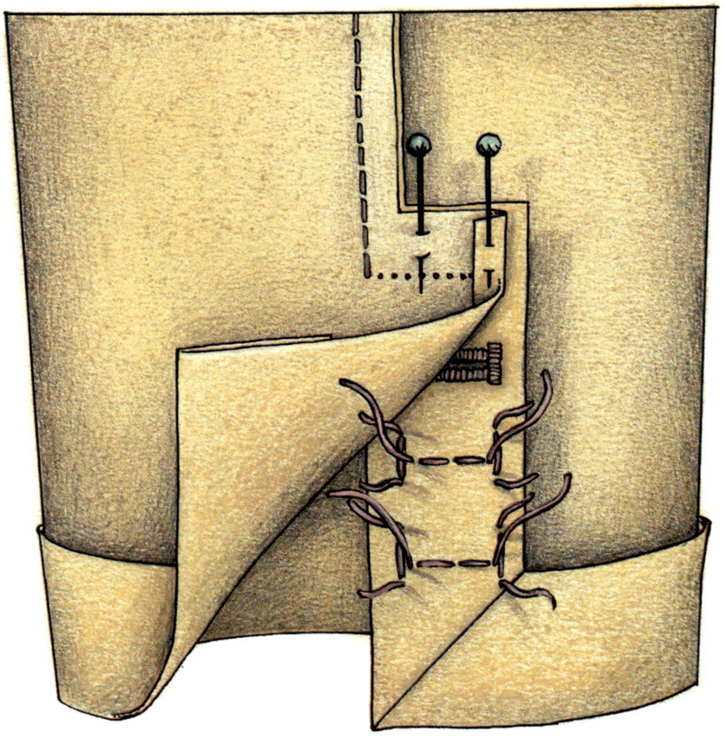

2

3

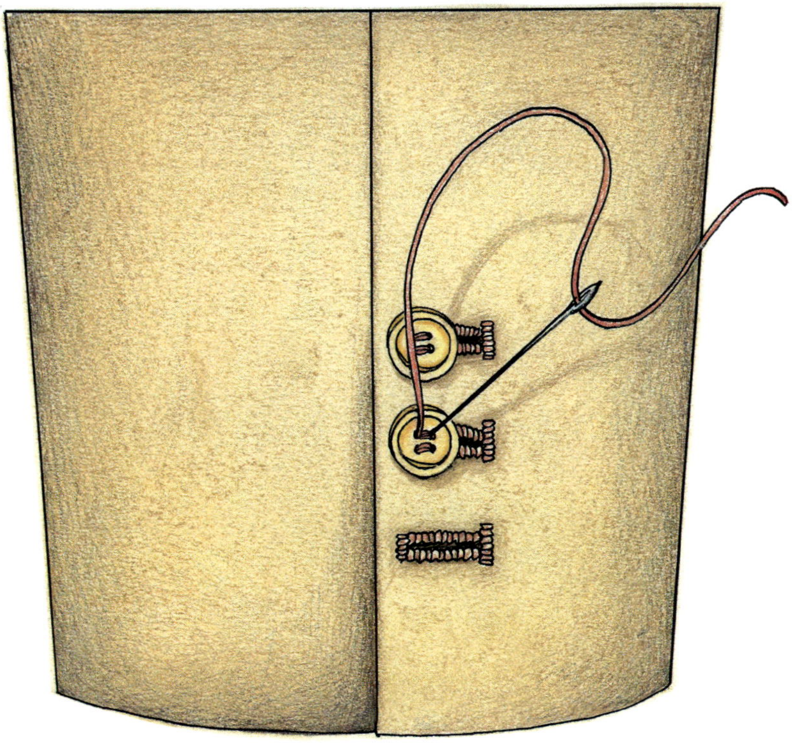

4

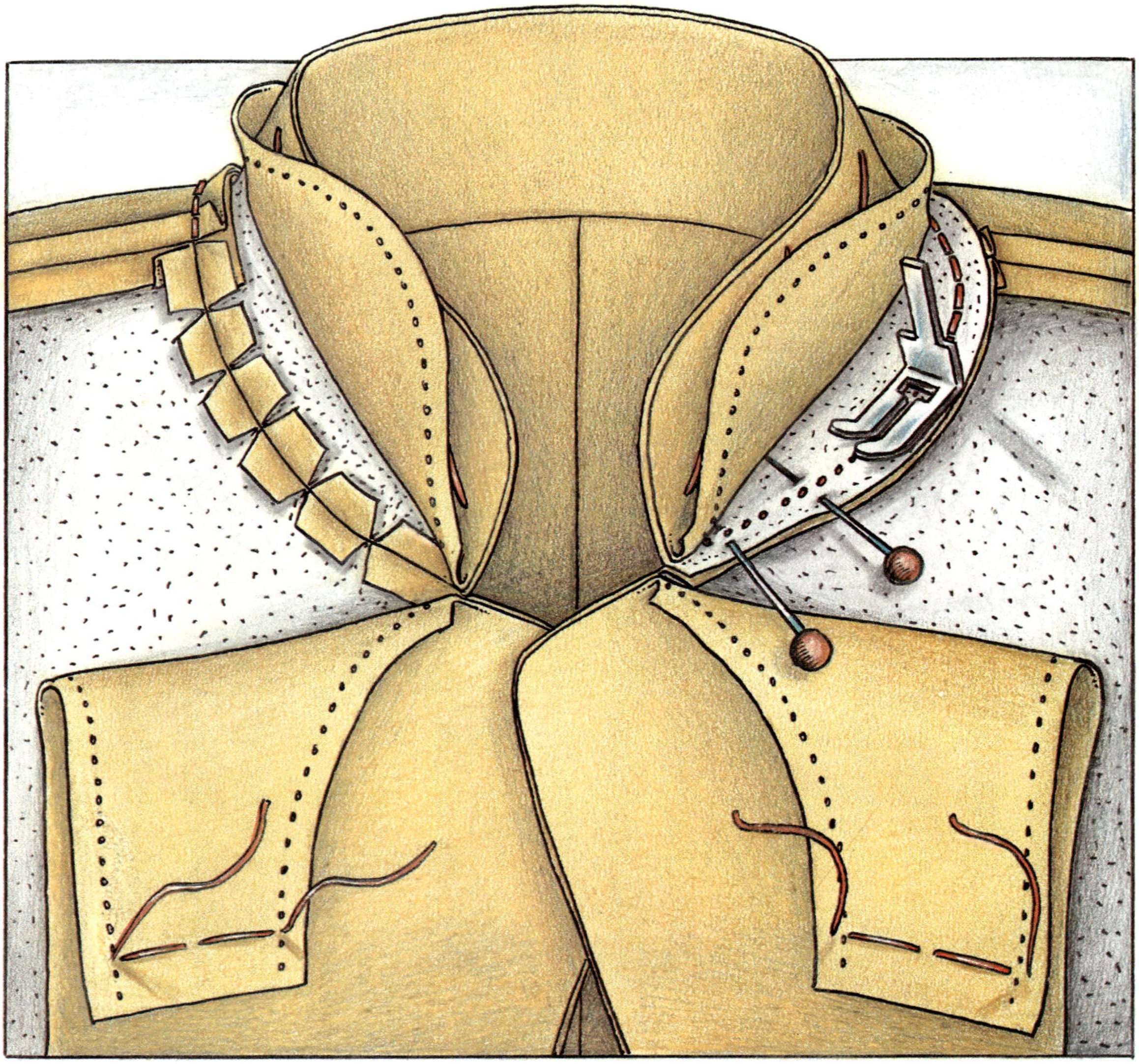

1

Nun fehlen nur noch Kragen und Belege. Zuerst die Belege ansteppen: am Kragenansatzpunkt beginnend bis zum Ende der Rundung am Jackensaum. Der Stoff liegt dabei rechts auf rechts. Die Belege wenden, heften und bügeln. Jetzt erst den Unterkragen annähen und die Nahtzugaben in den Rundungen einschneiden **(Zeichnung 1)**. Wichtig: Punkt I trifft auf die Schulternaht. Nun die Belege an der Kragenansatzlinie feststecken und die Naht mit Stecknadeln markieren. Die Ansatzlinie des Oberkragens und die Halslochlinie mit einem Heftfaden auf die rechte Stoffseite übertragen. Den Oberkragen knapp einschlagen und an der Markierungslinie feststecken **(Zeichnung 2)**. Den Oberkragen mit ganz feinen Handstichen auf den Beleg nähen. Eine andere Möglichkeit: Oberkragen und Belege noch einmal umwenden und mit der Nähmaschine zusammensteppen. Den Jackensaum mit der Hand annähen.

Zuletzt die Ärmel einnähen: Genau in den Markierungslinien einheften (Querzeichen beachten!) und dann von der Ärmelseite aus einsteppen. Dabei am besten den Freiarm der Nähmaschine benutzen. Schulterpolster mit der Hand locker befestigen.

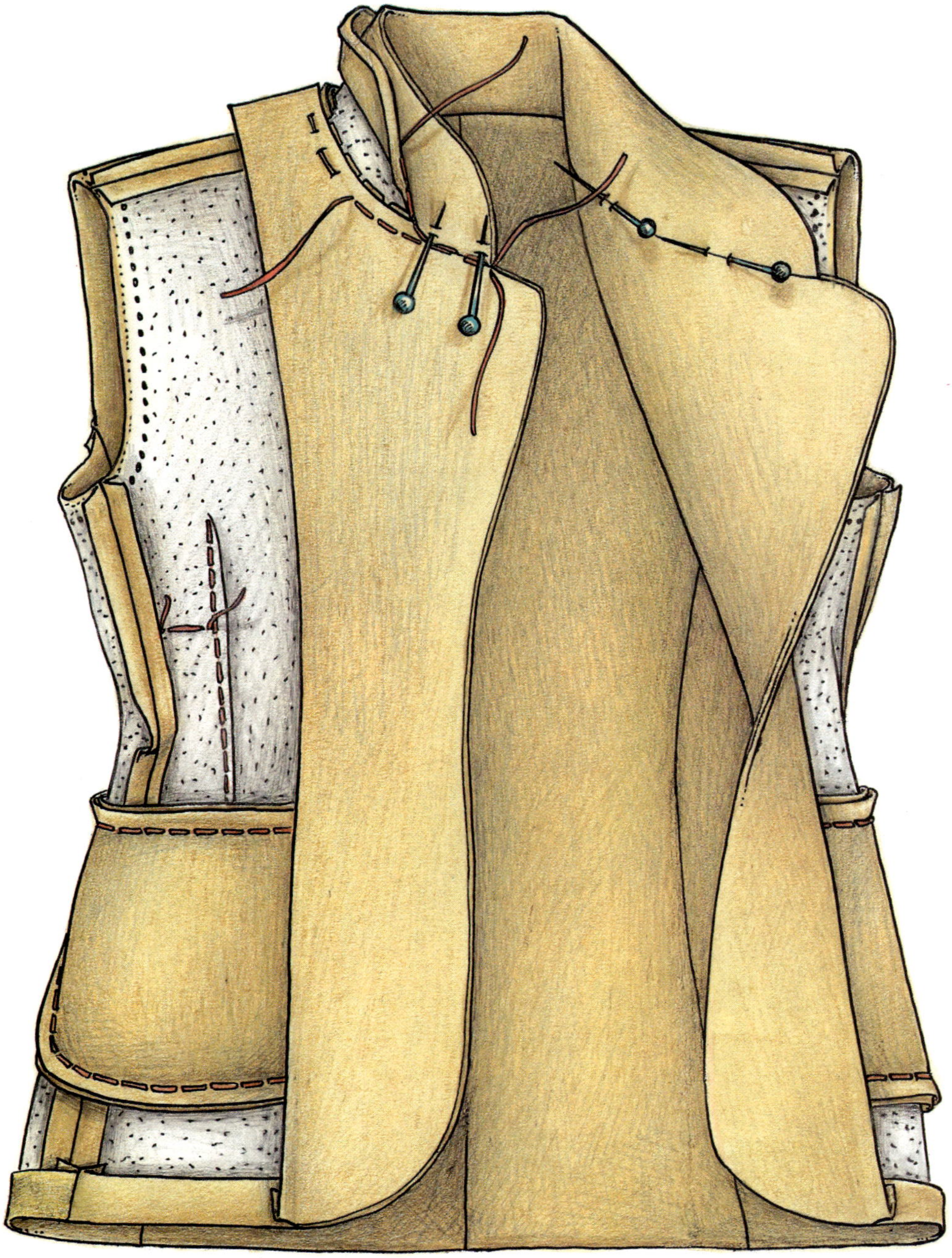

2

1

Als Finish das Futter! Nehmen Sie schönes, weiches Futter (Japonette genannt). Auch den Futterstoff vor dem Zuschneiden abbügeln, damit er nicht einläuft. Schneiden Sie das Futter immer erst nach der ersten Anprobe zu, damit Sie alle Änderungen auf den Schnitt – und damit auch auf das Futter – übertragen können. Das ganze Futter steppen, auch die Ärmel gleich einsetzen **(Zeichnung 1)**. Das Futter, wie **Zeichnung 2** zeigt, links auf links auf die Jacke stecken. Nun alle Kanten knapp einschlagen und das Futter mit der Hand annähen **(Zeichnung 3)**. Am Jackensaum und an den Ärmelsäumen kleine Bewegungsfalten legen, damit das Futter nicht „zieht".

Ein toller Moment, wenn das Futter drin ist! Das Jackett fällt gleich viel schöner, und alles, was von innen nicht so perfekt ausgefallen ist, wird verdeckt. Jetzt noch die Knopflöcher mit der Maschine einschlagen oder mit der Hand sticken (Zeichnungen Seite 39), Knöpfe annähen. Geschafft!

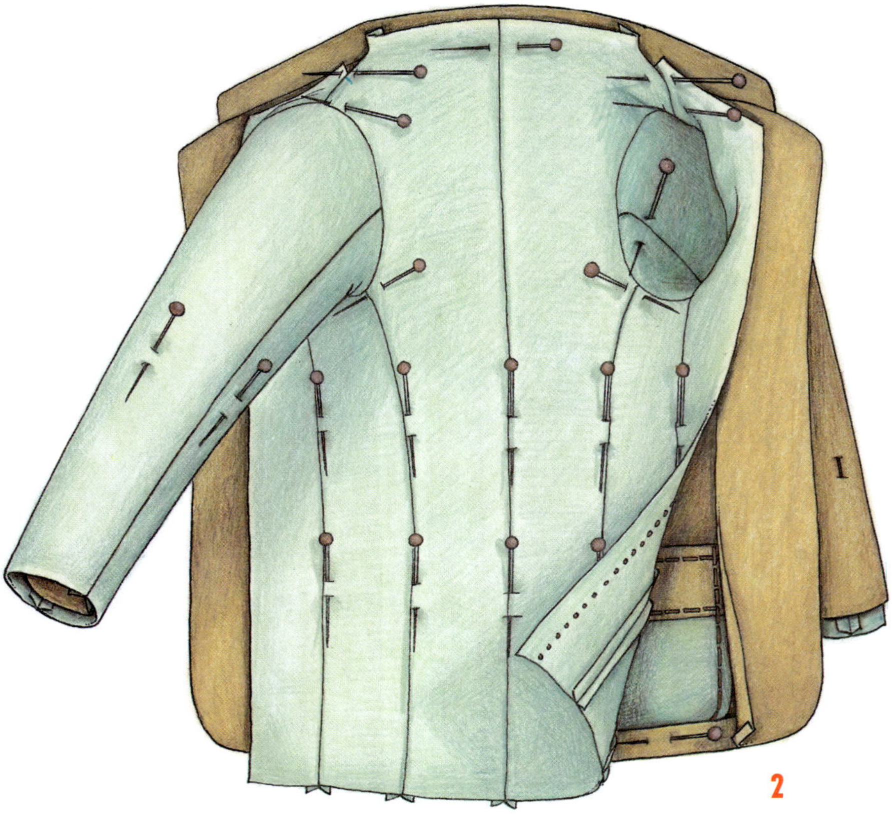

2

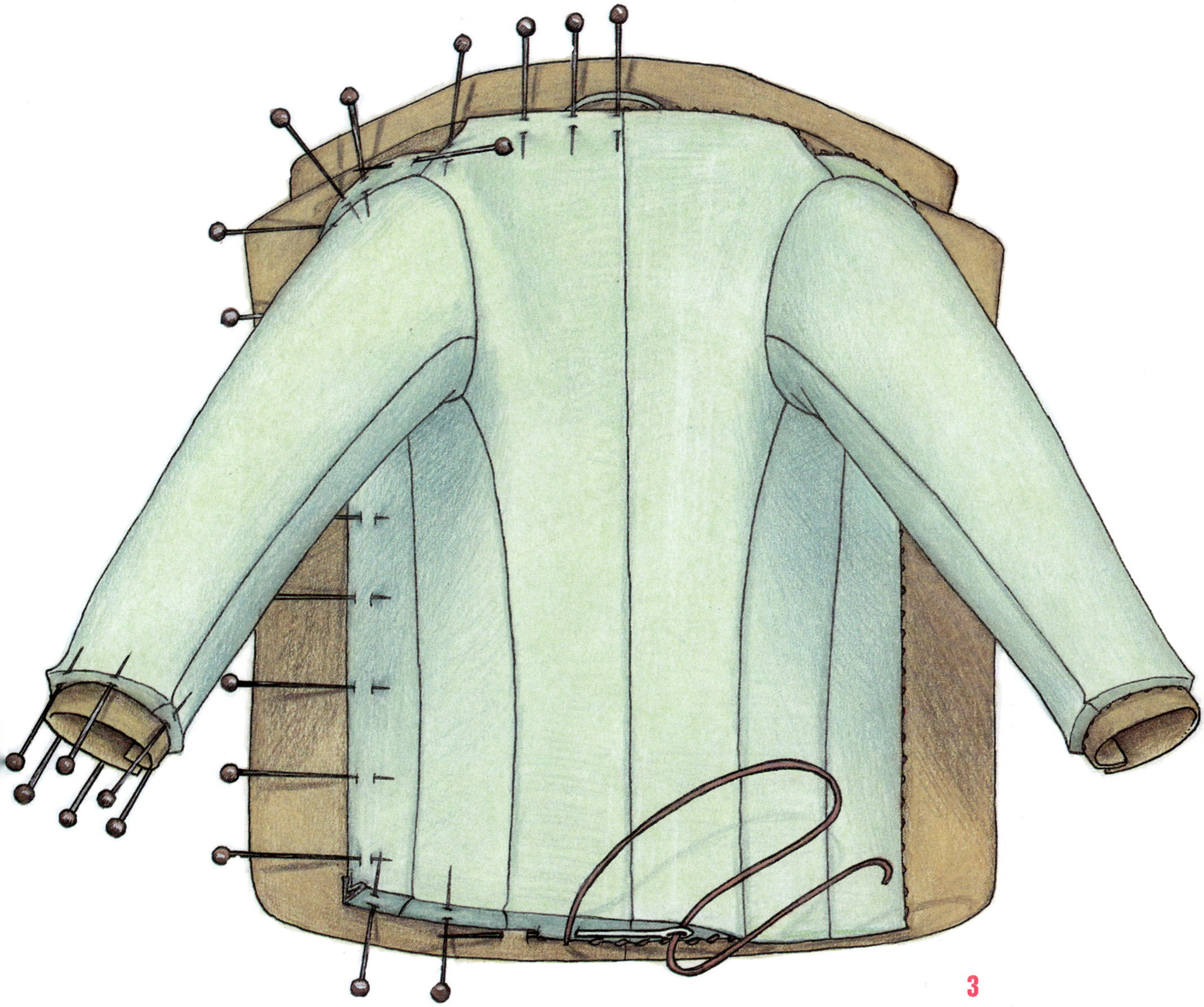

3

Der klassische Zweireiher

Schick wie ein Männerjackett, aber fast noch schöner durch den Kontrast von strengem Schnitt und weichfallendem Stoff ist diese Jacke aus grauem Wollsatin. Sie hat einen kleinen, schmalen Kragen, breite, steigende Revers, Klappentaschen und – ganz stilecht – im Rücken eine Schlitzfalte. Mit Hose oder Rock aus dem gleichen Stoff ein idealer Schnitt für einen Anzug oder ein Kostüm (siehe Seite 57). Geeignete Stoffe: alle leichten Kammgarne und – ganz toll – Nadelstreifen!

Schnittauflageplan

Fig. 7 Vorderteil
Fig. 8 Kragen
Fig. 9 Taschenklappe
a Beleg (Fig. 7)
b Taschenpaspel
c Taschenbeutel
Fig. 2 bis 5 vom Grundmodell nehmen
Fig. 9 von Größe 38 nehmen

Gr. 38
Gr. 40
Gr. 42

Stoffverbrauch

2,10 m Stoff, 140 cm breit; 1,40 m Futterstoff, 140 cm breit; 1,70 m Vlieseline H 180, 60 cm breit, Knöpfe und Schulterpolster.

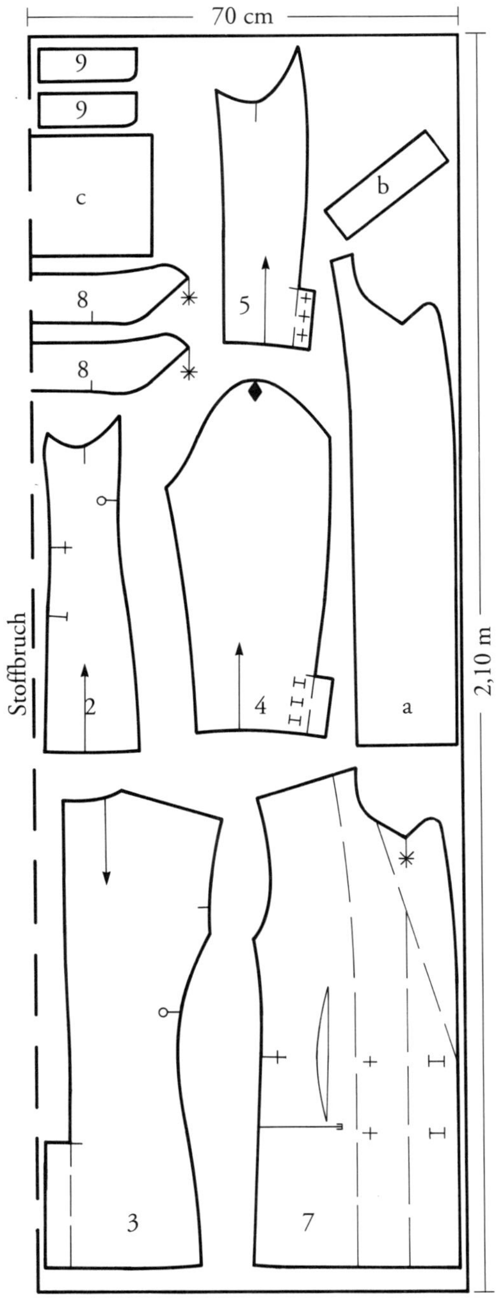

Der klassische Zweireiher

Dieses Jackett näht man – bis auf die Taschen und eine Schlitzfalte in der Rückennaht – genauso wie das Grundmodell ab S. 18. Deshalb wird der Arbeitsablauf hier nur ergänzt.

Das Zuschneiden: Den Schnitt für die Vorderteilbelege zusätzlich aus dem Schnittbogen herauskopieren. Aus Vlieseline zuschneiden: die Vorderteile, den Unterkragen, die Taschenklappen und zwei Streifen (10 x 10 cm) als Verstärkung für die Taschenverarbeitung im Seitenteil. Aus dem Oberstoff zwei Taschenbeutel (20 x 40 cm) und zwei Schrägstreifen (12 x 20 cm) zuschneiden. Das Jackenfutter erst nach der ersten Anprobe zuschneiden, die Futtervorderteile abzüglich Belegbreite plus Nahtzugabe. Alle Teile nach dem Schnittauflageplan mit den beim Grundmodell angegebenen Nahtzugaben zuschneiden. Ausnahme: An der rückwärtigen Mittelnaht 4 cm und an der Schlitzkante 1 cm zugeben. Vlieseline auf die Vorderteile bügeln und erst jetzt alle Linien mit Kreide und Kopierpapier markieren. Linien, die von rechts zu sehen sein müssen, „durchschlagen" (siehe Seite 20/21) – vor allem die vordere Mitte, die ist beim Zweireiher wichtig. Nun die Abnäher, die vorderen und rückwärtigen Teilungsnähte, die rückwärtige Mittelnaht (bis zum Schlitzquerzeichen), die Schulter- und Ärmelnähte heften oder nähen. Den Unterkragen und die Ärmel einheften, dann ist die erste Anprobe.

Das Nähen: Beginnen Sie mit den Taschen. Paspeltaschen gelingen am besten, wenn man sie mit einer Schablone näht. Sie werden dann so perfekt wie in der Konfektion! Nehmen Sie dafür ein circa 10 x 25 cm großes festes Stück Baumwollstoff (am besten Nessel). Bügeln Sie auf beide Seiten stärkere Vlieseline, eventuell mehrere Lagen. Zeichnen Sie nun mit Bleistift eine Art Riesenknopfloch ein: 16 x 2 cm plus 1 cm Zugabe an jeder Seite, also insgesamt 18 cm (**Zeichnung 1**). Schneiden Sie das „Knopfloch" mit einer spitzen Schere aus. Markieren Sie die genaue Länge der Paspel (16 cm) mit Bleistift auf der Schablone (**Zeichnung 1**). Stecken Sie die Schablone nun von rechts so auf den Stoff, daß die Taschenmarkierung genau in der Mitte des Schablonenausschnitts liegt. Jetzt

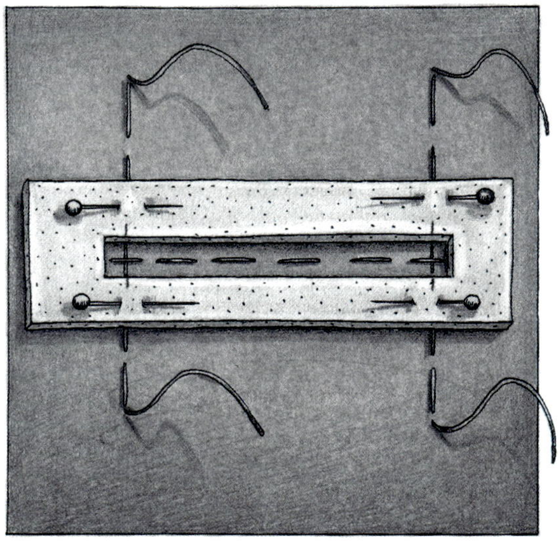

1

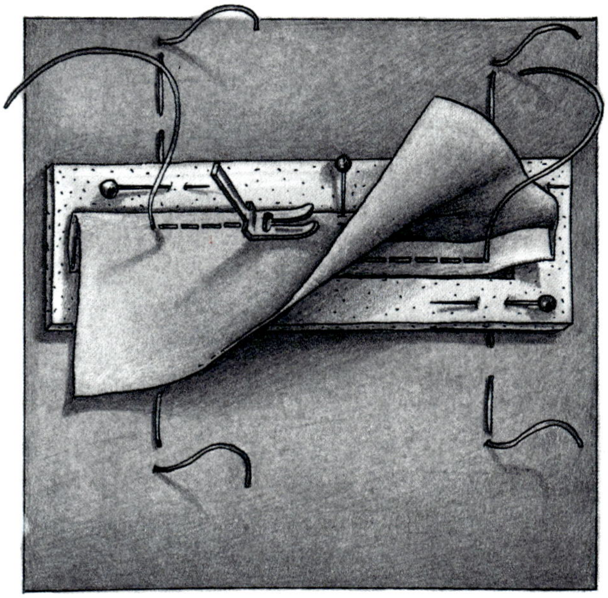

2

eine Kante des Stoff-Schrägstreifens für die Paspel 2 cm breit umbügeln und die umgebügelte Stoffkante an die untere Schablonenkante legen, wie **Zeichnung 2** zeigt.

Nun 0,5 cm von der Kante entfernt entlangsteppen, aber nur bis zu den Längsmarkierungen, nicht bis zum Ende der Schablone. Kippen Sie den Schrägstreifen an der oberen Schablonenkante entlang in den Bruch, und steppen Sie auch hier 0,5 cm von der Schablonenkante entfernt entlang. So entstehen die späteren Paspeln. Wichtig: beide Paspeln müssen exakt dieselbe Länge und Breite haben. Schneiden Sie nun auf der linken Stoffseite genau zwischen den beiden Stepplinien entlang. Schneiden Sie an den Enden schräg ein, so daß kleine Dreiecke entstehen (siehe dazu auch Zeichnung 2 auf Seite 52). Die Paspeln jetzt nach innen ziehen, feucht bügeln und die Paspelnähte rundherum knappkantig absteppen **(Zeichnung 3)**. Wie Sie Paspeltaschen auf herkömmliche Weise nähen, steht auf Seite 52/53).

Taschenklappen: Auf die Unterseite der Taschenklappen Vlieseline bügeln und die Klappen mit dem Oberstoff verstürzen. Die Taschenbreite mit einem Faden markieren, die Klappen in den gepaspelten Tascheneingriff schieben und die Klappen feststecken **(Zeichnung 4)**. Die Taschenbeutel so ansteppen, wie **Zeichnung 5** zeigt, dabei die Klappe mitfassen. Beim Schließen der Längsnähte des Taschenbeutels darauf achten, daß die kleinen Dreiecke an den Enden der Paspeln gut mitgefaßt werden.

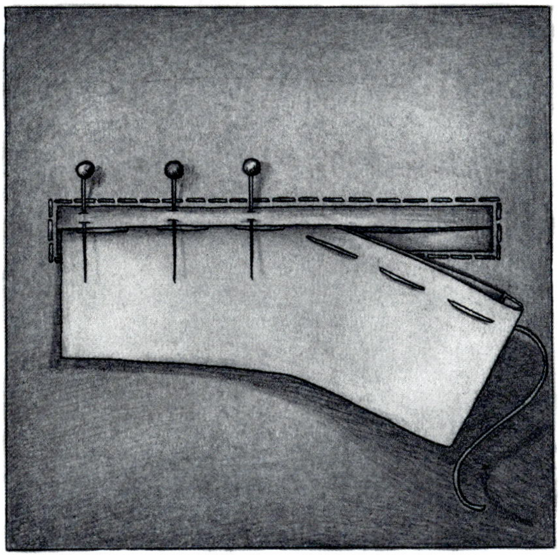

4

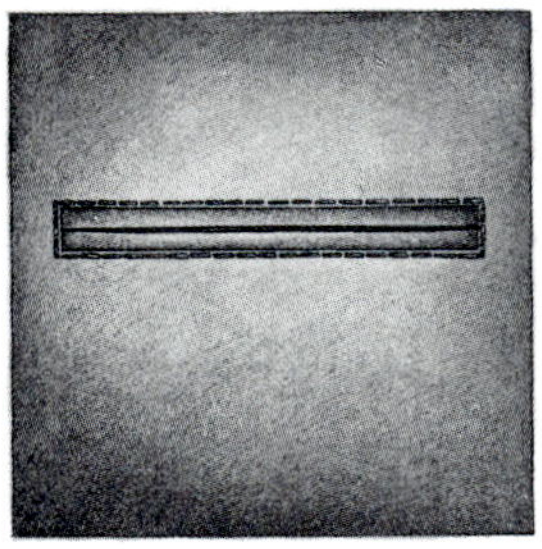

3

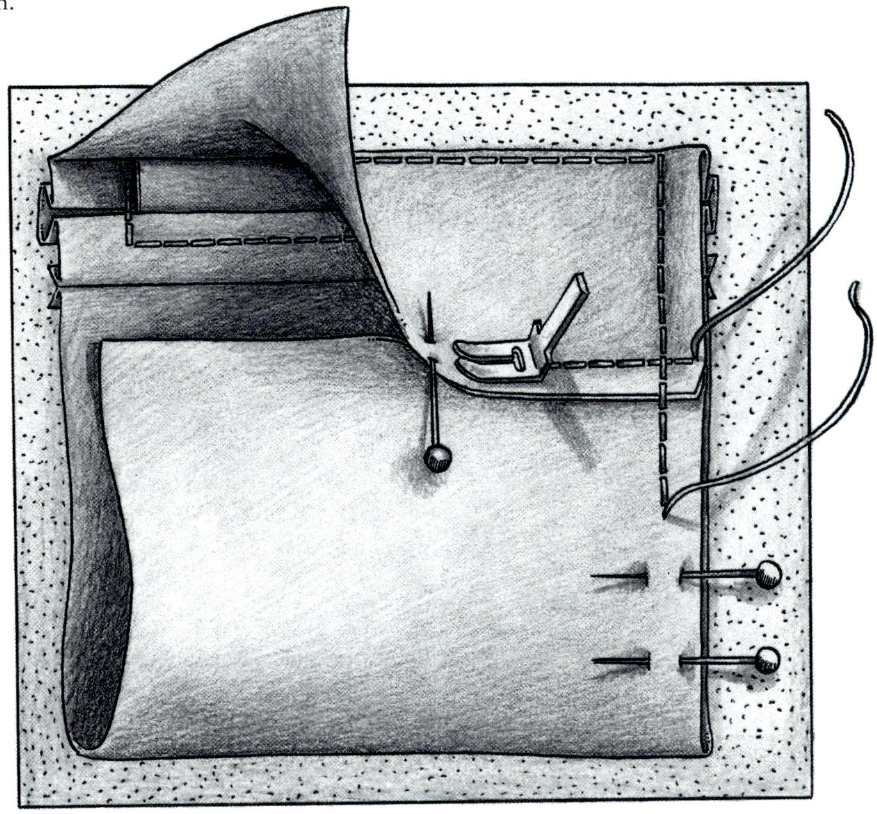

5

Und so geht's weiter. Kragen und Belege: Jetzt die beim Zweireiher ziemlich breiten Belege rechts auf rechts auf den Stoff legen und vom Kragenansatzpunkt bis zum Saum ansteppen. Den Kragen fertignähen (siehe Seite 26) und den Unterkragen ansteppen. Die Ansatzlinie des Oberkragens und die Halslochlinien der Belege mit Heftfäden markieren und die Linien dadurch auf die rechte Stoffseite übertragen. Beleg und Kragen entweder mit der Maschine zusammensteppen oder mit der Hand in den markierten Linien gegeneinandernähen. (Dieser Arbeitsgang ist auf Seite 31 genau beschrieben.) Nun überall Säume umheften, den Beleg am Saum einschlagen und gegennähen. Für die Schlitzfalte in der Rückennaht den Saum am Obertritt hochbügeln, am Untertritt die Schnittkante schmal umsteppen. Den Obertritt auf den Untertritt stecken und am Schlitzende quer feststeppen **(Zeichnungen 1 und 2)**. Die Ärmel einnähen und die Schulterpolster anbringen. Die rechte vordere Jackenmitte auf die linke vordere Mitte stecken und noch einmal anprobieren. Das Futter fertignähen und mit der Hand anstaffieren. An der Schlitzfalte so, wie beim Rock auf Seite 82/83 beschrieben.

Nun noch das Revers mit einem kleinen Kreuzstich von der Unterseite unsichtbar am Kragen befestigen **(Zeichnung 3)**.

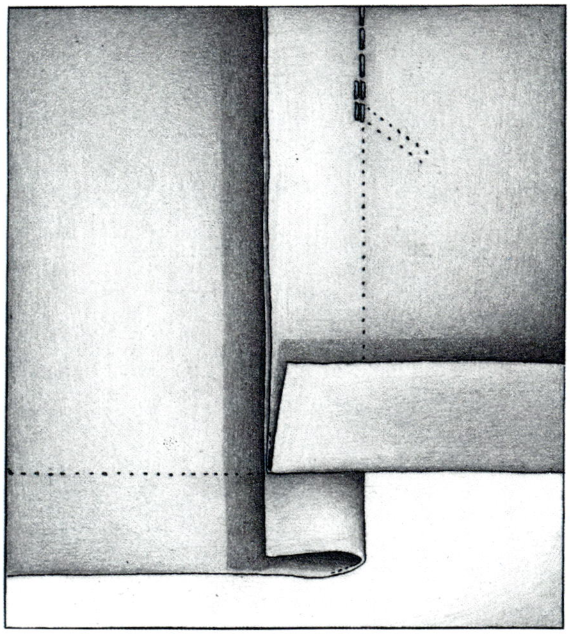

1

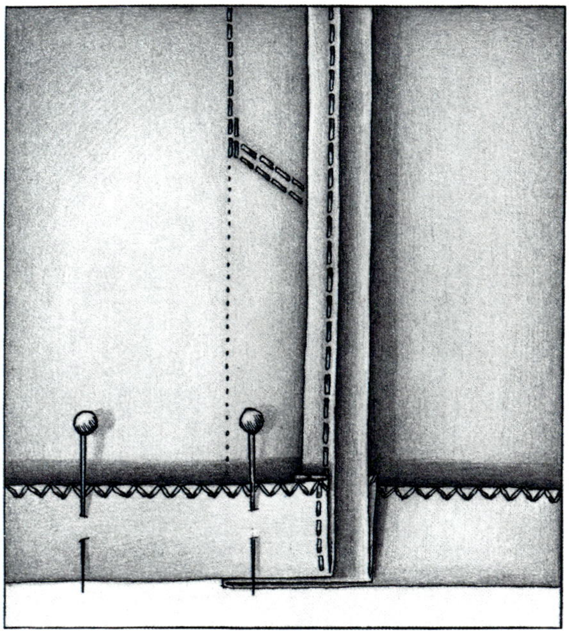

2

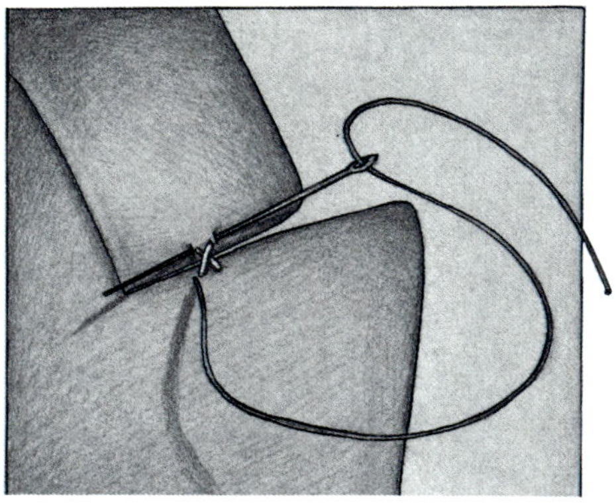

3

Handgenähte Knopflöcher: Das Knopfloch einzeichnen und mit der Maschine vor dem Einschneiden schmal umsteppen. Die Schlitzkanten umstechen **(Zeichnung 4a)**. Das Knopfloch von rechts nach links arbeiten: mit Knopflochseide eine große Fadenschlinge legen, die Nadel durch den Schlitz führen und kurz hinterm Steppstich wieder ausstechen. Nadel und Faden durchholen und die Verschlingung an der vorderen Schnittkante festziehen **(Zeichnung 4b)**.

Einen Knopf mit Stiel annähen: Das ist nur bei dickeren Stoffen nötig. Für gleichmäßige Längen sorgen zwischengeschobene Streichhölzer. Zum Annähen einen doppelten Faden nehmen, durch jedes Loch mehrere Stiche nähen und das Streichholz herausziehen. Den Stiel mehrmals umwickeln und den Faden verknoten **(Zeichnung 4c und 4d)**. Wie man den Sitz der Knöpfe markiert, zeigen die **Zeichnungen 5a und 5b**.

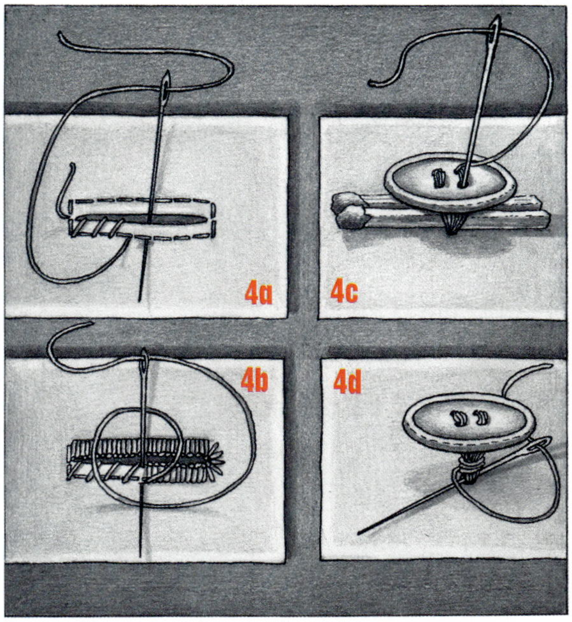

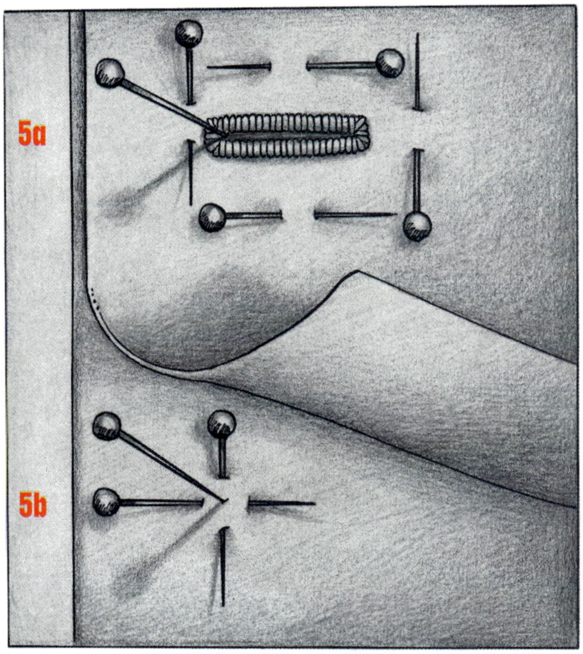

Maschinengenähte Knopflöcher werden fast immer in den jeweiligen Bedienungsanleitungen der Nähmaschinen beschrieben. Wenn sie auf Ihrer Maschine gut ausfallen, sehen Sie meist „professioneller" aus als mit der Hand genähte Knopflöcher.

Jackett mit Schalkragen

Es könnte von einem italienischen Designer stammen: Das Jackett aus feinkariertem Wollkrepp mit Schalkragen und schmalen Leistentaschen wirkt ausgesprochen elegant. Auch hier bringen – wie beim „Grundschnitt" – Abnäher, Rückennaht und Seitenteile die Jacke in Form. Auf Seite 56 ist die gleiche Jacke ergänzt durch einen Faltenrock als Kostüm zu sehen. Weitere Variante: die Abendjacke aus dunkelgrauem Wollkrepp mit Applikation (siehe „Details" Seite 97).

Schnittlauflageplan

Fig. 10 Vorderteil
a Beleg (Fig. 10)
b Taschenleiste mit Taschenbeutel
Fig. 2 bis 5 vom Grundmodell nehmen

Gr. 38 —●—●—●—●
Gr. 40 ═★═★═★═★
Gr. 42 —○—○—○—○

Stoffverbrauch

2 m bei Karostoff (1,90 m bei Unistoff), 140 cm breit; 1,40 m Futterstoff, 140 cm breit; 1,40 m Vlieseline H 180, 60 cm breit; Knöpfe und Schulterpolster.

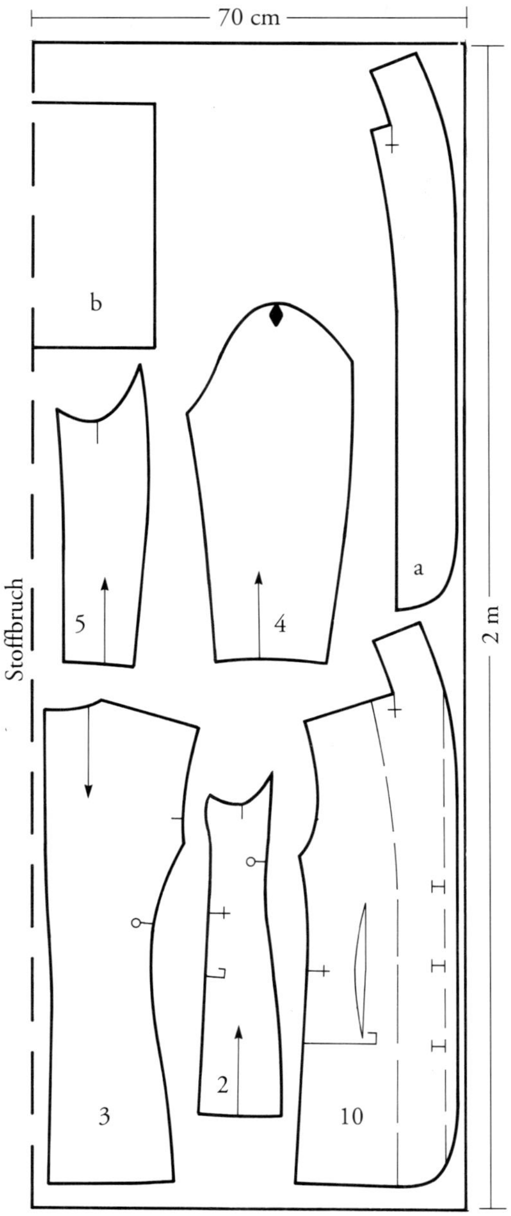

Jackett mit Schalkragen

Auch für diese Jacke gilt im Prinzip die Arbeitsbeschreibung des Grundmodells von Seite 18 bis 33. Auch die Taschen sind gleich, nur der Schalkragen ist anders. Die Ärmel sind sogar einfacher zu nähen: Sie haben keine geknöpften Schlitze.

Schwieriger ist bei Karostoff das Zuschneiden. Anfängerinnen sollten daher lieber keinen Karostoff nehmen! Vor dem Zuschneiden in doppelter Stofflage das Karomuster genau aufeinanderstecken, dabei Quer- und Längskaros beachten. Ganz wichtig ist beim Zuschneiden, daß die Jacke am Saum mit dem gleichen Muster abschließt. Wenn Sie die Jackenschnitteile so auf den Stoff gelegt haben, sehen Sie im Armloch die eingezeichnete Linie „Musterlauf". Beachten Sie diese Karolinie beim Zuschneiden des Oberärmels. Sie sehen: Das Zuschneiden von Karostoff ist knifflig und das Nähen auch. Nun den Schnitt für die Vorderteilbelege zusätzlich aus dem Schnitt herauskopieren. Die Vorderteile mit dem angeschnittenen „Schal", zwei Taschenleisten (1,5 x 16 cm) und zwei Streifen (10 x 10 cm) für die Taschenverstärkung im Seitenteil aus Vlieseline zuschneiden. Aus dem Oberstoff zwei Taschenbeutel mit Taschenleisten (20 x 40 cm) zuschneiden. Vlieseline aufbügeln und erst jetzt die Schnittlinien mit Kreide und Kopierpapier übertragen, alle wichtigen Linien „durchschlagen" (siehe Seite 20/21). Das Jackettfutter erst nach der ersten Anprobe zuschneiden, die Belegbreite fällt dabei weg.

Das Nähen: Abnäher, die vorderen und rückwärtigen Teilungsnähte, die rückwärtige Mittelnaht, die Schulternähte bis + und die Ärmelnähte heften oder gleich nähen. Bei Karostoff Nadeln querstecken und einfach drübernähen. Die hintere Naht des angeschnittenen Schalkragens schließen (**Zeichnung 1**) und den Kragen in das Halsloch heften oder gleich nähen (**Zeichnung 2**). Die Ärmel ebenfalls einheften.

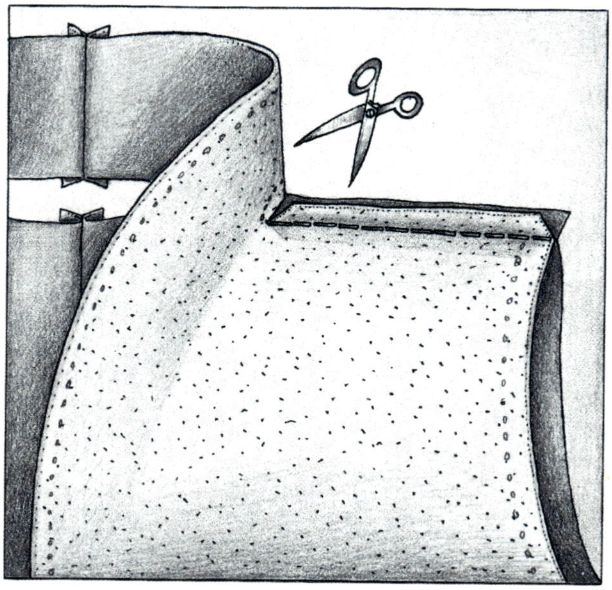

1

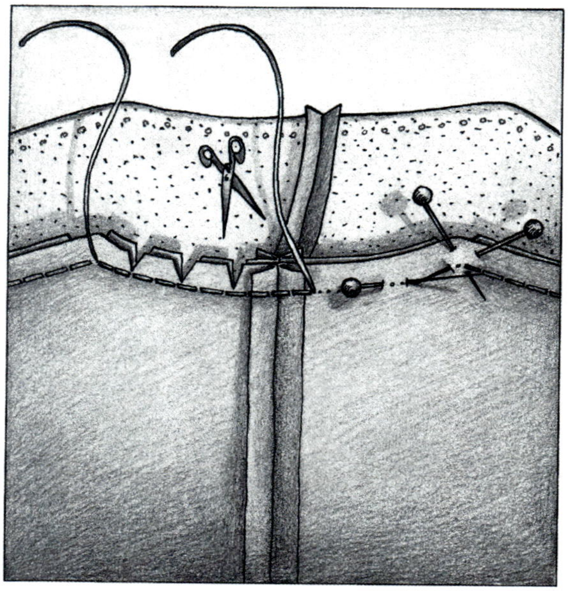

2

Anprobe: Danach die Nähte eventuell wieder auftrennen, damit Sie die Leistentaschen besser einarbeiten können (Beschreibung siehe Seite 24/25). Die Schulternähte bis + schließen, die vordere Naht bei + schräg einschneiden **(Zeichnung 1)**. Jetzt den angeschnittenen Schalkragen in das Halsloch nähen und die Nahtzugaben vorsichtig einschneiden, damit die Rundung nicht spannt **(Zeichnung 2)**. Die rückwärtige Belegnaht schließen und ausbügeln. Die fertigen Belege mit dem angeschnittenen Schalkragen verstürzen **(Zeichnung 3)**. Auf der nächsten Seite wird der Arbeitsablauf weiter beschrieben.

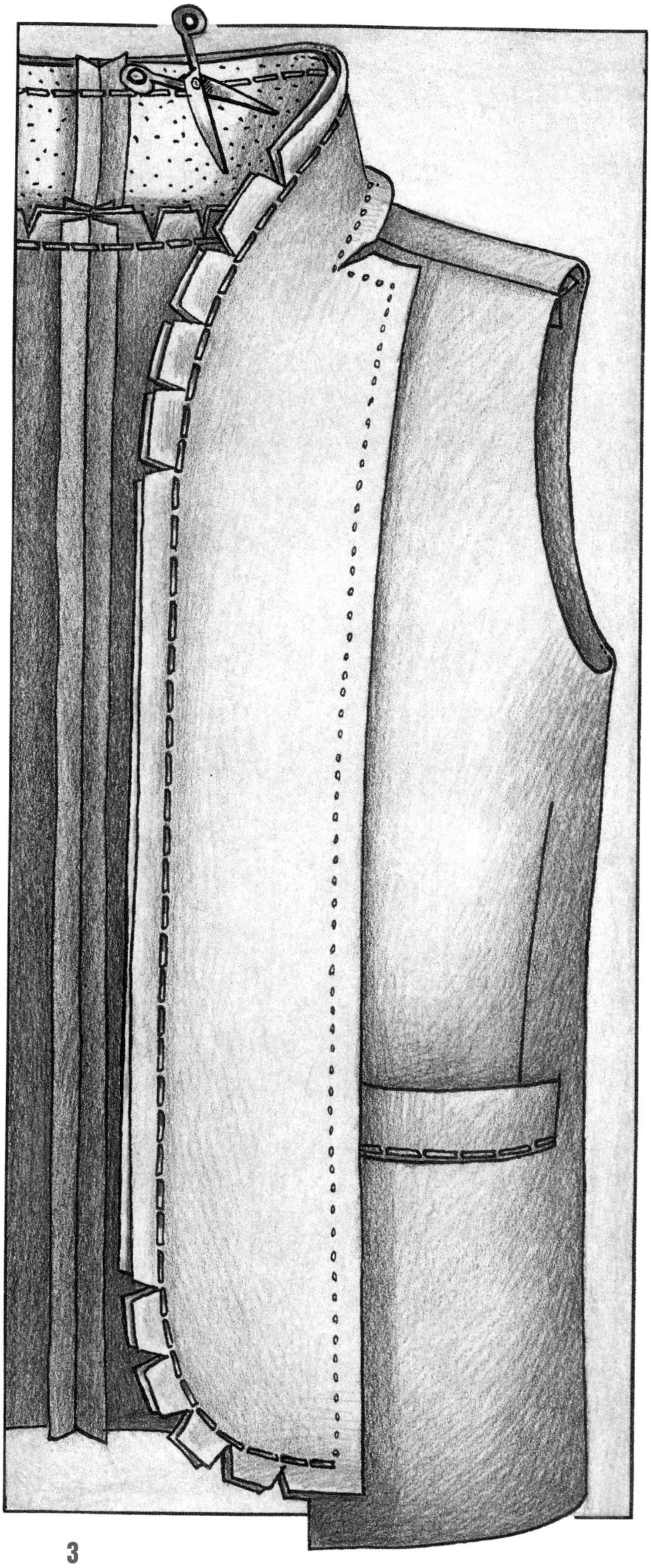

3

Ein Trick, durch den die Kanten besonders flach werden: Alle Rundungen einschneiden und die Nahtzugaben auseinanderbügeln **(Zeichnung 1)**. Den Beleg wenden und die Kanten durchheften und bügeln. Den Schalkragenbeleg mit einigen Stichen an die Halsausschnittnaht nähen. Dabei müssen Sie darauf achten, daß der Schalkragen gut „rollen“ kann, denn der Beleg braucht etwas Spielraum. Legen Sie ihn am besten über die Hand, und heften Sie noch einmal durch, bevor Sie den Beleg an der rückwärtigen Halsausschnittnaht mit der Hand annähen. Nun die Ärmel einnähen und alle Säume befestigen. Schulterpolster einnähen. Das Futter steppen und einnähen. Knopflöcher einarbeiten und Knöpfe annähen.

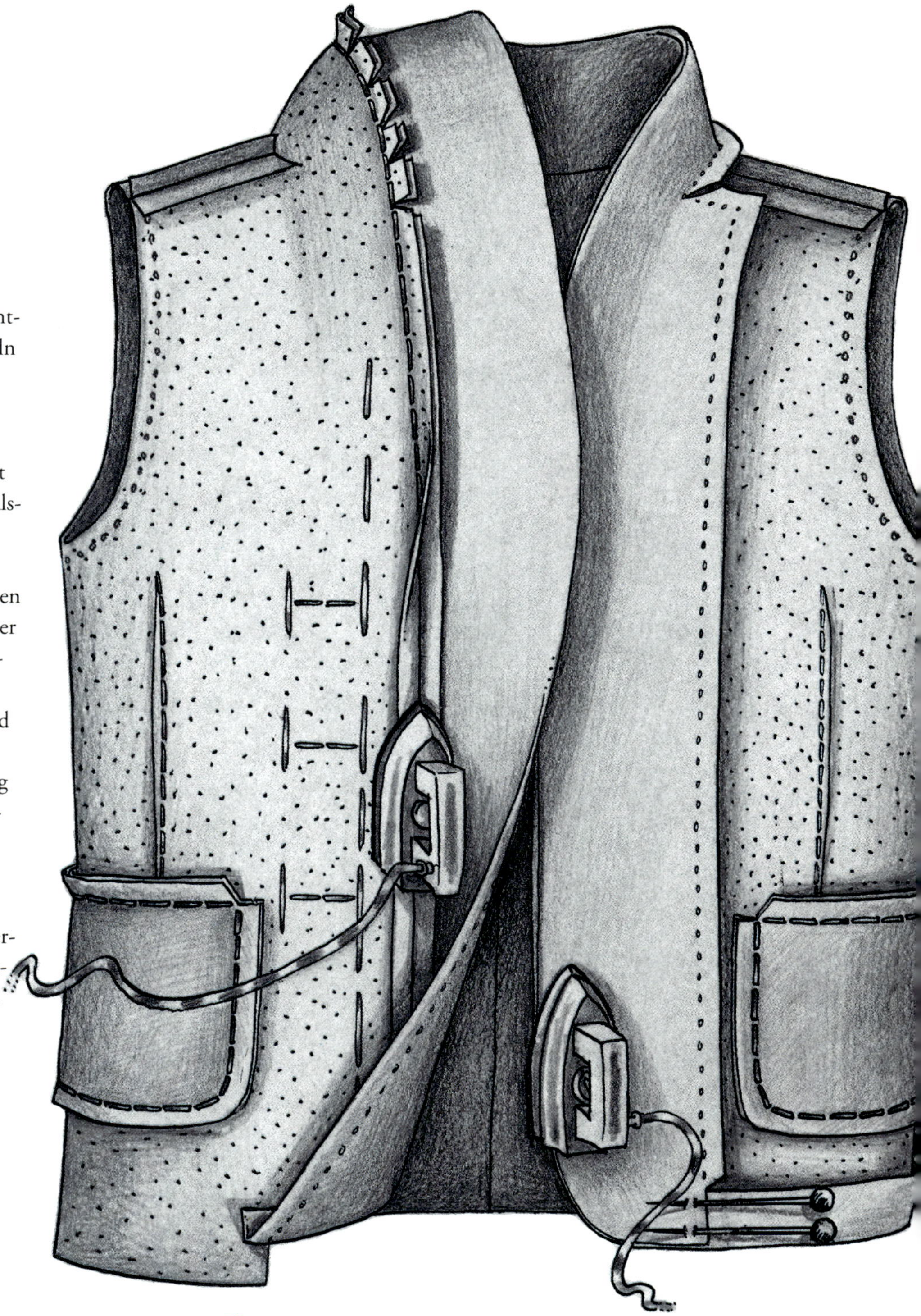

1

Kleine Variante: Paspelknopflöcher.

An vielen eleganten Jacketts sieht man jetzt wieder Paspelknopflöcher – sie würden auch gut zu einer Jacke wie dieser passen. Man muß sie natürlich vor dem Annähen der Belege in die Vorderteile einarbeiten. Paspelknopflöcher werden genauso genäht, wie die auf Seite 36/37 beschriebenen Paspeltaschen – am besten auch mit Schablone, die nur entsprechend kleiner sein muß. (Wie man sie ohne Schablone näht, steht auf Seite 52/53.) Wenn die Knopflöcher fertig eingenäht sind, muß man sie noch auf der Belegseite „durchnähen". Markieren Sie dafür die fertigen Knopflöcher an allen Ecken mit Nadeln (**Zeichnung 2**), und schneiden Sie den Stoff auf der linken Seite schräg ein (**Zeichnung 3**). Dann den Stoff knapp einschlagen und mit feinen Stichen befestigen (**Zeichnung 4**).

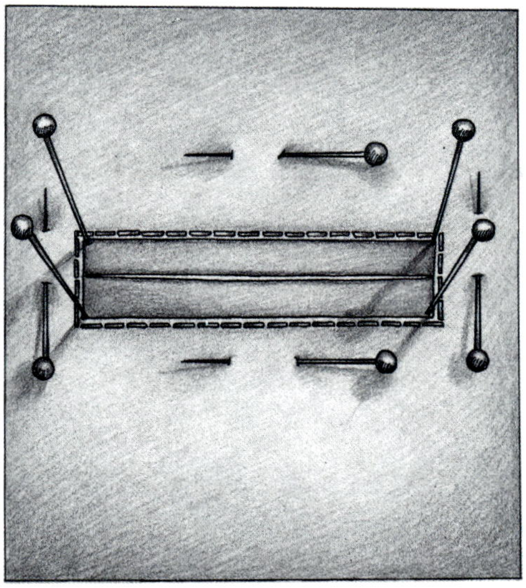

2

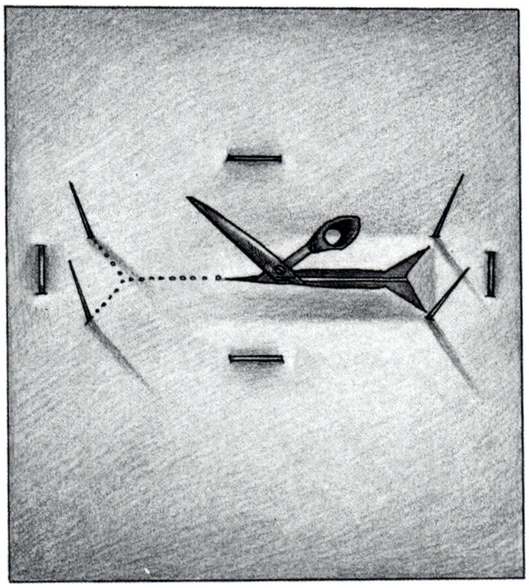

3

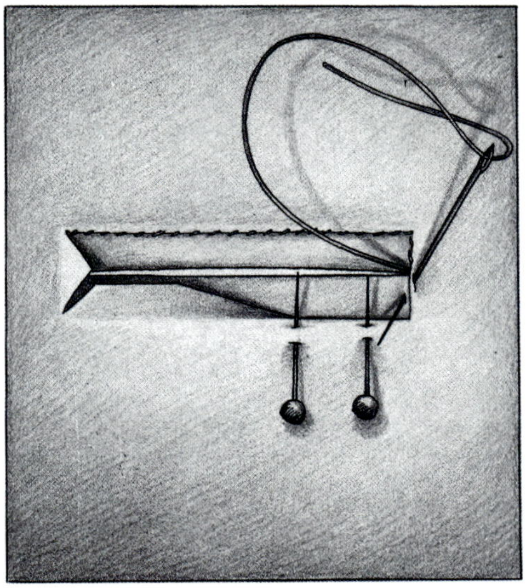

4

Jacke mit Borten

Auch diese Jacke aus dickem Wolleinen hat denselben Grundschnitt. Trotzdem sieht sie ganz anders aus als die anderen Jacketts. Das bewirken vor allem die dekorativen Knöpfe, die vier aufgesetzten Taschen und die rundherum aufgenähten Borten. Kaum wiederzuerkennen ist sie als schwarze Jacke mit Reißverschlüssen (Seite 94), die auch nach demselben Schnitt entstand. Hier wird zur weißen Jacke ein Rock aus Steppstoff getragen – mit einem schmalen Rock aus dem gleichen Stoff wird's ein Kostüm (siehe Seite 58).

Schnittauflageplan

Fig. 11 Vorderteil
Fig. 12 untere Taschen
Fig. 13 obere Taschen
a Belege
(Fig. 3 u. 11)
Fig. 2 bis 5 vom Grundmodell nehmen
Fig. 12 und 13 von Größe 38 nehmen

Gr. 38 —●—●—●—●
Gr. 40 =★=★=★=★
Gr. 42 —○—○—○—○

Stoffverbrauch

1,70 m Stoff, 140 cm breit; 1,30 m Futterstoff, 140 cm breit; 1,30 m Vlieseline H 180, 60 cm breit; 4,20 m Borte; Knöpfe und Schulterpolster.

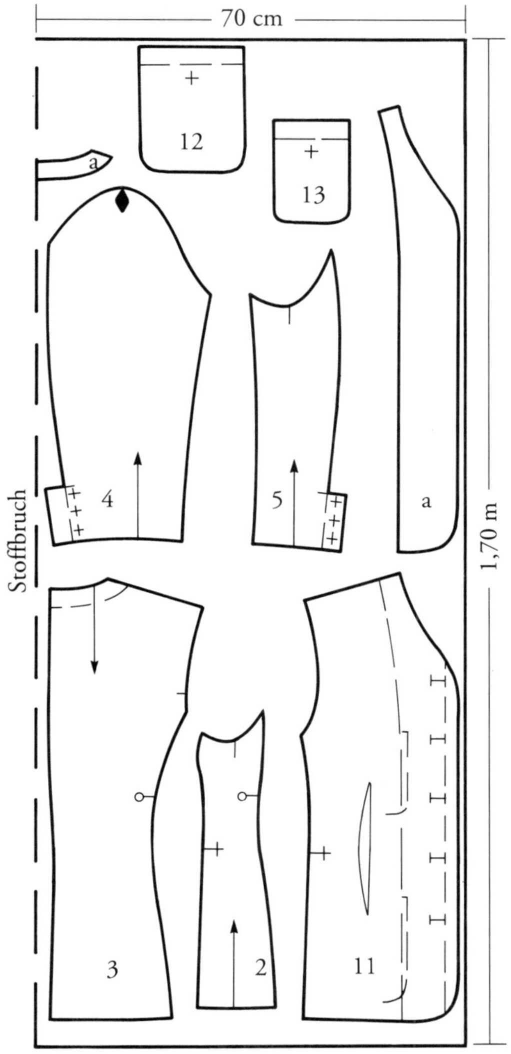

Jacke mit Borten

Obgleich sie aufwendig aussieht, ist diese Jacke leicht zu nähen. Sie ist etwas kürzer als die anderen Jacketts, der Grundschnitt bleibt aber gleich, und auch hier gilt grundsätzlich die Arbeitsanleitung des Grundmodells von Seite 18 bis 33. Die andere Länge ist beim Schnitt durch eine Extralinie markiert. Für Halsloch- und Vorderteilbelege müssen Sie die entsprechenden Schnitteile zusätzlich aus dem Schnittbogen herauskopieren.

Das Zuschneiden: Das Vorderteil und die vier Taschen zusätzlich aus Vlieseline zuschneiden. Die Vlieseline aufs Vorderteil und die Taschen bügeln und erst jetzt alle Schnitteile markieren. Wichtige Linien durchschlagen (siehe Seite 20/21). Die Ärmel dieser Jacke haben Schlitze: Verarbeitung siehe Seite 28/29, jedoch ohne Knopflöcher.

Das Nähen: Abnäher, vordere und rückwärtige Teilungsnähte, die rückwärtige Mittelnaht, Schulter- und Ärmelnähte heften oder gleich nähen. Ärmel einheften, Taschen aufstecken. Erste Anprobe. Nun die Taschen arbeiten.

Wir zeigen Ihnen zwei Arten von aufgesetzten Taschen – gefütterte und ungefütterte. Ungefütterte Taschen sind vor allem für dicke oder feste Stoffe richtig; Taschen aus weichen oder leicht fusselnden Stoffen sollten Sie lieber füttern. Für die ungefütterten Taschen Vlieseline auf den Stoff aufbügeln. Bei den Nahtzugaben in den Rundungen einen Kräuselfaden (Maschine) einziehen und die Weite vorsichtig einbügeln (**Zeichnung 1**). Den Saum umschlagen, bügeln und an der Einlage festnähen (**Zeichnung 2**). Borte an der oberen Kante mit der Hand aufnähen (noch vor dem endgültigen Aufsteppen). Für gefütterte Taschen das Futter abzüglich Taschensaumbreite plus Nahtzugaben zuschneiden, Vlieseline aufbügeln und den Taschensaum, wie **Zeichnung 3** zeigt, mit dem Futter zusammennähen. In der Mitte eine Lücke lassen, damit Sie die Tasche nach dem Verstürzen wenden können. Den Taschensaum umschlagen und die Tasche verstürzen (**Zeichnung 4**). Die Nahtzugaben einknipsen, zuletzt die Tasche durch den offenen Schlitz ziehen und wenden. Den Schlitz zunähen. Bügeln, an der oberen Kante Borte aufnähen.

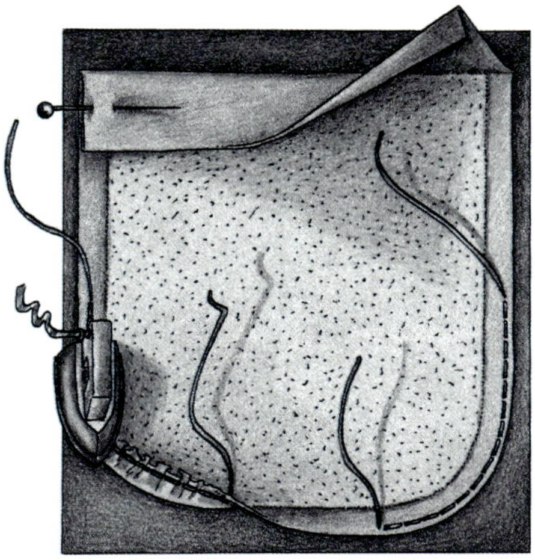

1

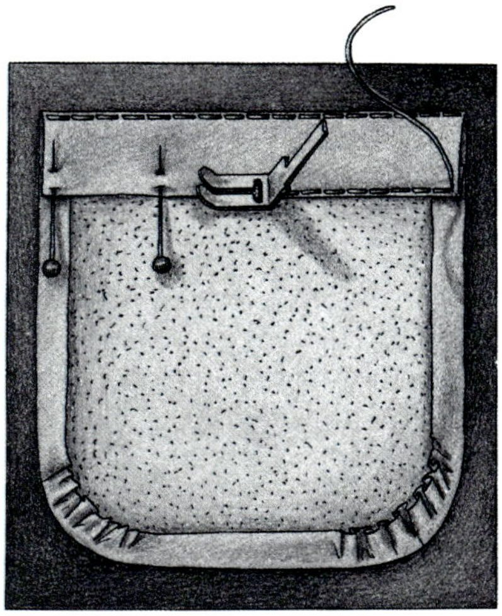

2

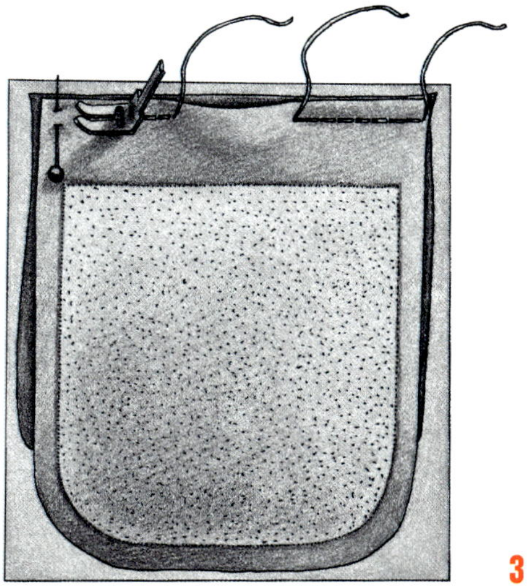

3

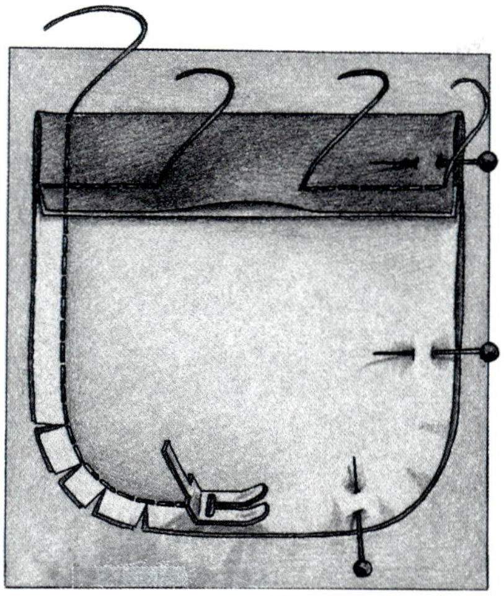

4

Nun Halsloch- und Vorderteilbelege miteinander verbinden, Belege rechts auf rechts auf die Jacke legen und bis zum Ende der Rundung am Saum verstürzen. Alle Nahtzugaben in den Rundungen einschneiden **(Zeichnung 5)**. Gut bügeln. Die Ärmel einnähen und die vier Taschen knappkantig aufsteppen. Schulterpolster befestigen, das Futter fertigmachen und einnähen. Knopflöcher einsticken (Seite 39). Ganz zum Schluß die Borte rundherum mit der Hand aufnähen. Knöpfe annähen – auf Taschen und Ärmelschlitze „blind“, das heißt, ohne Knopflöcher.

Nach diesem Schnitt wird auch die schwarze Jerseyjacke mit Reißverschluß (Seite 59 und 94) genäht. Die Verarbeitung ist fast gleich, nur werden statt der aufgesetzten Taschen vier Reißverschlußtaschen eingearbeitet. Wie man die macht, steht beim Rock auf Seite 76/77. Die Vorderteile der schwarzen Jacke gehen nicht übereinander, sondern stoßen nur aneinander. Sie müssen daher vor dem Zuschneiden im Schnitt Ober- und Untertritt wegfalten. Der 45 cm lange Reißverschluß wird beim Verstürzen der vorderen Belege gleich mitgefaßt. Vorher einheften und mit dem Reißverschlußfüßchen steppen.

5

Sommerjacke mit schrägen Paspeltaschen

Diese kragenlose Jacke wird durch das helle Leinen so richtig schön sommerlich. Sie sieht aber auch in anderen Stoffen toll aus. Beispiel: die schwarze Kreppjacke mit Brokatborten auf Seite 98. Ein bißchen kompliziert zu nähen sind die schrägen Paspeltaschen. Die können Sie aber auch weglassen oder durch einfache, aufgesetzte Taschen ersetzen (siehe Seite 48/49).

Schnittauflageplan

Fig. 14 Vorderteil
Fig. 15 unterer Taschenbeutel
a Beleg (Fig. 14)
b oberer Taschenbeutel (Fig. 14)
c Paspelstreifen
Fig. 2 bis 5 vom Grundmodell nehmen

Gr. 38 —●—●—●—●
Gr. 40 =★=★=★=★
Gr. 42 —○—○—○—○

Stoffverbrauch

1,80 m Stoff, 140 cm breit; 1,40 m Futterstoff, 140 cm breit; 1 m Vlieseline H 180, 60 cm breit; Knöpfe und Schulterpolster.

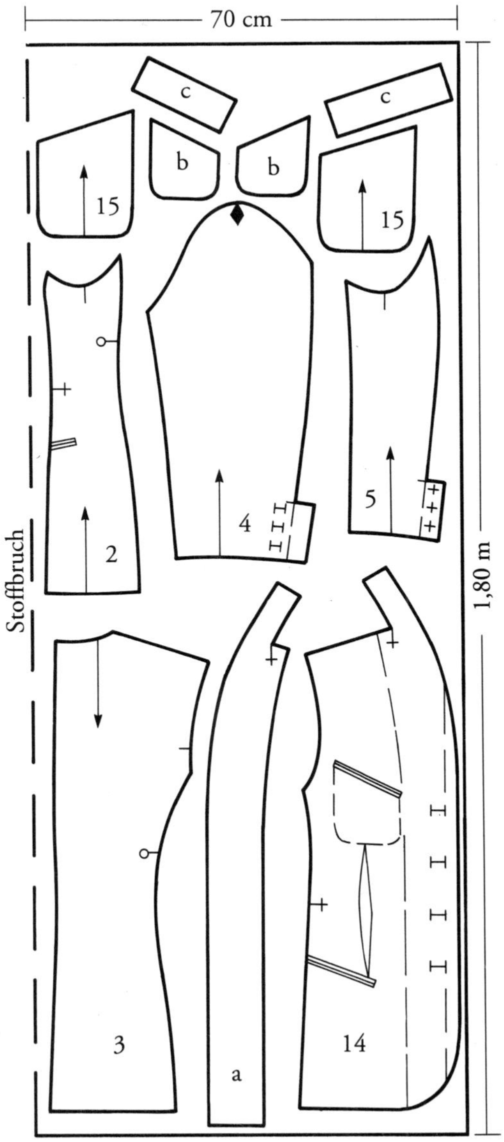

Sommerjacke mit schrägen Paspeltaschen

Diese Sommerjacke wird fast genauso genäht wie die Jacke mit Schalkragen von Seite 41 bis 44, nur hat sie statt schmaler Leistenschräge Paspeltaschen. Für diese Art Taschen sollte der Stoff nicht zu weich sein: Festes Leinen – wie bei dieser Jacke – ist gerade richtig. Der genaue Arbeitsablauf steht beim Grundmodell von Seite 18 bis 33.

Das Zuschneiden: Den Schnitt für die Vorderteilbelege und den Taschenbeutel zusätzlich herauskopieren. Für die Paspel je zwei Schrägstreifen (6 x 16 und 6 x 20 cm) zuschneiden. Die Vorderteile mit dem angeschnittenen Steg auch aus Vlieseline zuschneiden, außerdem zwei Streifen zur Verstärkung der Taschenverarbeitung im Seitenteil. Vlieseline auf die zugeschnittenen Vorderteile und Seitenteile bügeln und erst jetzt alle Linien auf den Stoff übertragen.

Das Nähen: Abnäher, die vorderen und rückwärtigen Teilungsnähte, die rückwärtige Mittelnaht und die Ärmelnähte schließen (heften oder gleich nähen), ebenso die Mittelnaht des angeschnittenen Steges (Zeichnung 1 auf Seite 42). Den angeschnittenen Steg in das Halsloch heften. Die Ärmel ebenfalls einheften.

Anprobe. Danach die Paspeltaschen einarbeiten. Auf die Vlieseline „Riesenknopflöcher" 12 x 1 cm zeichnen **(Zeichnung 1)**. Die Markierungslinie mit einem Heftfaden auf die rechte Stoffseite übertragen. Stoffstreifen von rechts auf die Markierungslinie stecken und von links steppen. In der Mitte einschneiden, die Ecken schräg **(Zeichnung 2)**. Die Stoffstreifen durch den Schlitz nach innen ziehen, schmale Paspel legen **(Zeichnung 3)** und mit der Hand festnähen. Die Paspel von rechts knappkantig feststeppen **(Zeichnung 4)**. Nun an den Paspelstreifen Taschenbeutel aus Stoff oder Futterstoff ansteppen. Zeichnung 5 auf Seite 77 zeigt das für eine gerade Tasche. An den oberen Paspelstreifen jedoch den Taschenbeutel aus dem Stoff der Jacke nähen. Die Taschenbeutel schließen. Sie können Paspeltaschen auch ganz perfekt mit einer Schablone arbeiten. Diese Methode wird auf Seite 36 beschrieben. Nun die Schulternaht bis + steppen und nur die vordere Naht bei + vorsichtig schräg einschneiden. Den angeschnittenen Steg in das Halsloch nähen. Die rückwärtige Belegnaht schließen und den fertigen Beleg mit dem Vorderteil bis zur Rundung am Saum verstürzen. Dieser ganze Vorgang ist übrigens der gleiche wie bei der Jacke mit Schalkragen auf Seite 42 bis 44. Vielleicht sehen Sie sich die Zeichnungen dort noch einmal an. Die Nahtzugaben in den Rundungen einschneiden und auseinanderbügeln, das ergibt flache Kanten **(Zeichnung 5)**. Den Beleg wenden, gut bügeln. Die Ärmel einnähen, Schulterpolster befestigen, Säume annähen. Das Futter nähen und anstaffieren. Knopflöcher arbeiten und Knöpfe annähen.

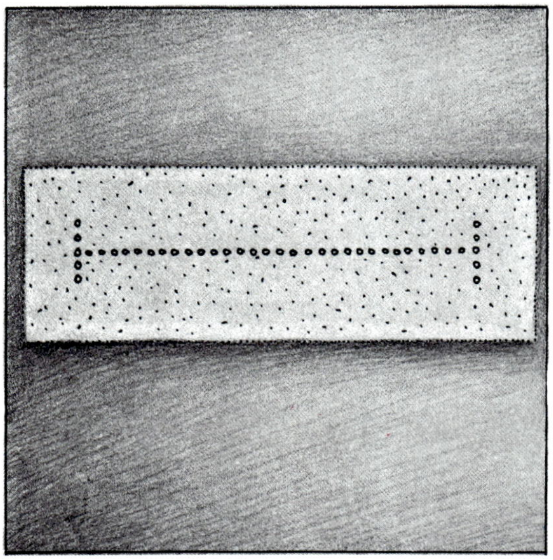

1

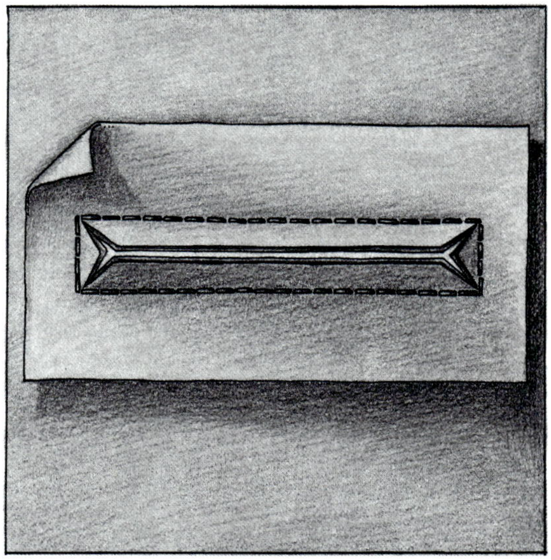

2

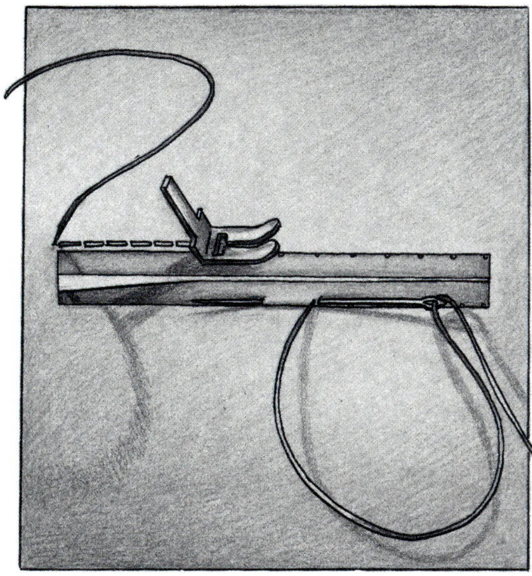

3

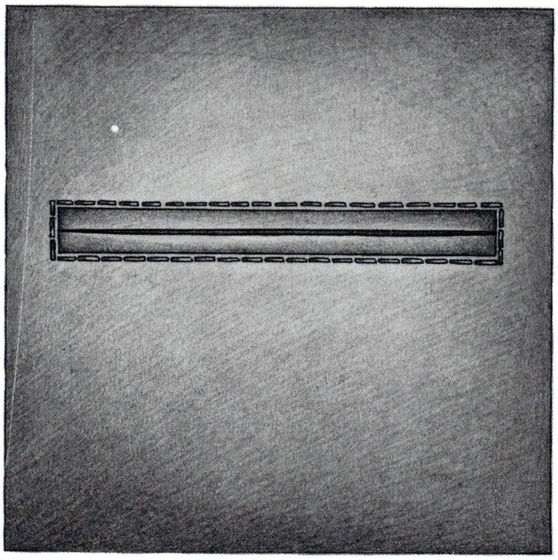

4

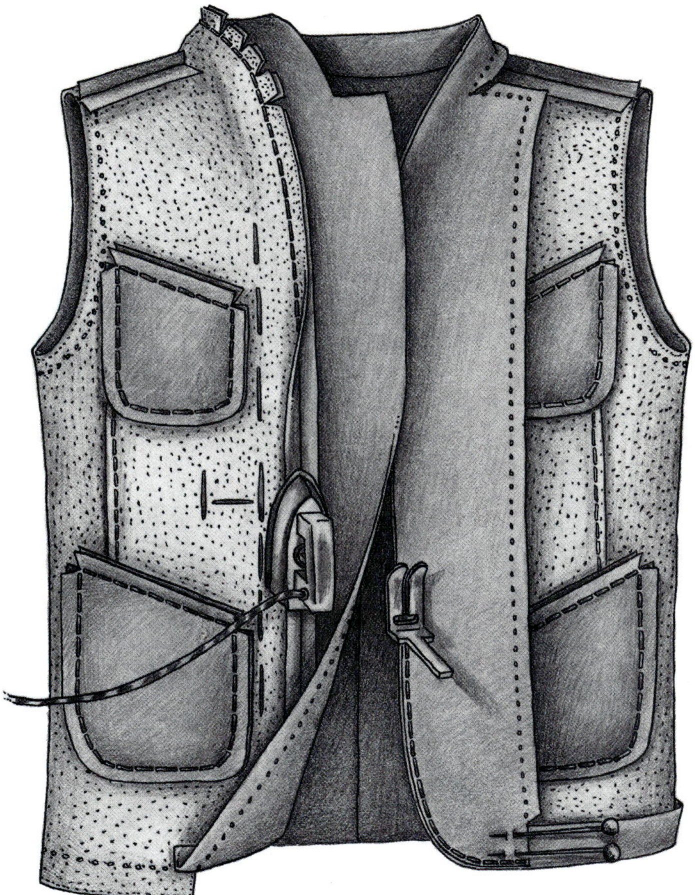

5

So wird's komplett

Alle Jacken, Hosen und Röcke – in diesem Buch zunächst als variable Einzelstücke vorgestellt – lassen sich zu Anzügen und Kostümen kombinieren, wenn Sie beide Teile aus dem gleichen Stoff nähen. Das Ergebnis sind Klassiker, von denen man lange etwas hat.

Eine schmale Hose nach dem Schnitt von Seite 112, dazu die Jacke von Seite 16 – fertig ist der Anzug.

Kostüm oder Anzug: zeitlos schön

Kaum vorstellbar, daß diese beiden Modelle mal total unmodern werden! Die Jacke mit Schalkragen von Seite 40 wird zum Kostüm, wenn Sie einen Faltenrock aus dem gleichen Stoff dazu nähen (Anleitung auf Seite 86/87). Für den Anzug hat sich das doppelreihig geknöpfte Jackett von Seite 34 mit der klassischen Bundfaltenhose (Seite 102) zusammengetan.

Ein Schnitt und zwei Kostüme

Hier können Sie am besten erkennen, wie vielseitig ein und derselbe Schnitt einzusetzen ist. Die Bortenjacke (Seite 46) und ein schmaler schlichter Rock (Seite 64) ergeben ein hochoffizielles Kostüm. Die Jacke mit Reißverschluß (Beschreibung Seite 49) und der Rock von Seite 74 sind ein sehr modisches Outfit. Die schwarze Jacke wird fast genauso genäht wie die Bortenjacke.

Röcke

Einen schmalen Rock hat man schnell selbst genäht – und damit viel Geld gespart! Ob minikurz oder wadenlang – Sie können Ihren Wunschrock genau nach Ihren Maßen nähen, ein Schema dafür gibt's auf den nächsten Seiten. Außerdem in diesem Kapitel: ein klassischer Faltenrock.

Ein Rock in der modischen Wadenlänge, genäht nach der Anleitung auf Seite 65 bis 69.

Ein Rockschnitt nach Maß

Taillenweite, Hüftweite und Rocklänge: Diese drei Maße brauchen sie für einen Rockschnitt, der Ihnen genau paßt. Das Bündchen ist bei diesem Rock gleich angeschnitten. Messen Sie locker um Taille und Hüfte – etwa 21 cm unterhalb der Taille. Schreiben Sie sich diese beiden Maße auf und teilen sie durch zwei. Notieren Sie sich auch die gewünschte Rocklänge. Unser Rockschema wurde für Größe 38 (Taillenweite 70 cm, Hüftweite 94 cm, Rocklänge 53 cm) aufgestellt.

Zeichnen Sie eine Längslinie, und tragen Sie darauf Ihre Rocklänge ein (hier 53 cm plus 4 cm für das angeschnittene Bündchen also insgesamt 57 cm). Legen Sie an folgenden Punkten einen rechten Winkel an, und zeichnen Sie Querlinien ein:
4 cm unterhalb der oberen Linie die Taillenlinie einzeichnen, dann ca. 21 cm unter der Taillenlinie die Hüftlinie: die stärkste Stelle über dem Po.

Auf der Hüftlinie die halbe Hüftweite (hier 47 cm plus 2 cm Zugabe = 49 cm) eintragen. Die Hüftweite ist das wichtigste Maß für einen Rock. Der ganze Schnitt wird darauf aufgebaut. Diesen Punkt nach oben und unten verlängern. Diese Linie ist die rückwärtige Mitte.
Auf der Taillenlinie die halbe Taillenweite (hier 35 cm plus 1 cm Zugabe = 36 cm) eintragen. Hier bleiben jetzt 13 cm übrig. Die müssen Sie später für Abnäher und Hüftrundung aufteilen.
Zeichnen sie nun noch eine dritte Längslinie in Ihr Schema ein: die spätere Seitennaht. Dafür teilen Sie die Hüftweite mit Zugabe auf: Auf das Vorderteil entfallen 25 cm, auf das Rückenteil 24 cm.

Die Rocklängen

(bei einer Größe von 1,68 m).

Minirock: 40 bis 45 cm.

Knapp knielanger Rock: 53 bis 55 cm (italienische Länge).

Wadenlanger Rock: 80 bis 85 cm.

Rockschema I

Gr. 38, Taillenweite 70 cm, Hüftweite 94 cm

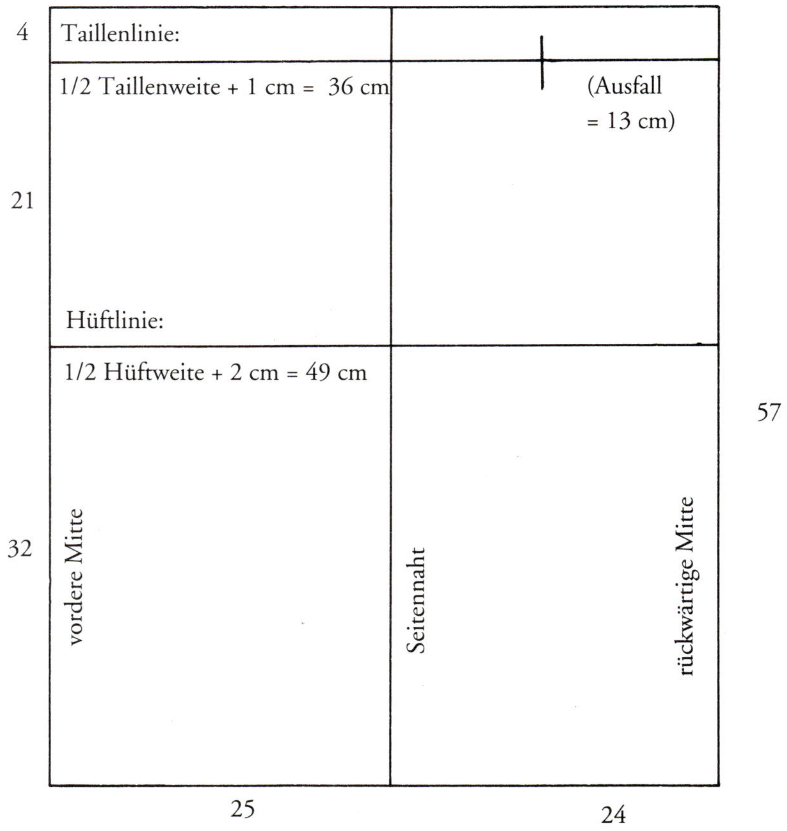

Nun beginnt die Maßarbeit: Taillenrundung und Abnäher werden eingezeichnet. Faustregel: der vordere Abnäher ist 2 cm, der hintere 3 cm tief. Der Abstand der Abnäher von den Seitennähten sollte nicht mehr als 4 cm betragen. Falls Ihre Taillenweite so nicht aufgeht, weil Sie eine sehr schmale Taille haben, nicht einfach die Abnäher vertiefen oder seitlich Weite abnehmen, sondern im rückwärtigen Rockteil einen weiteren Abnäher einzeichnen. Umgekehrt: Bei mehr Taillenweite ist's kein Problem: Die Abnäher können schmaler, der Abstand von der Seitennaht kann geringer sein.

Nun die Abnäher – wie auf dem Schema angegeben – in den entsprechenden Abständen von der Taillenlinie und von der vorderen und rückwärtigen Mitte einzeichnen. Die Linie für das angeschnittene Bündchen jeweils zur Mitte hin etwas vertiefen, so daß sich eine leichte Rundung ergibt. Die Abnäher nach oben etwas auslaufen lassen. Die Seitennaht abrunden und auf dem fertigen Schnitt Punkte für die Tascheneingriffe markieren. Von der Hüftlinie zum Saum die Seitennaht je 1,5 cm „einstellen". Zum Schluß die beiden Schnitteile ausschneiden.

Rockschema II

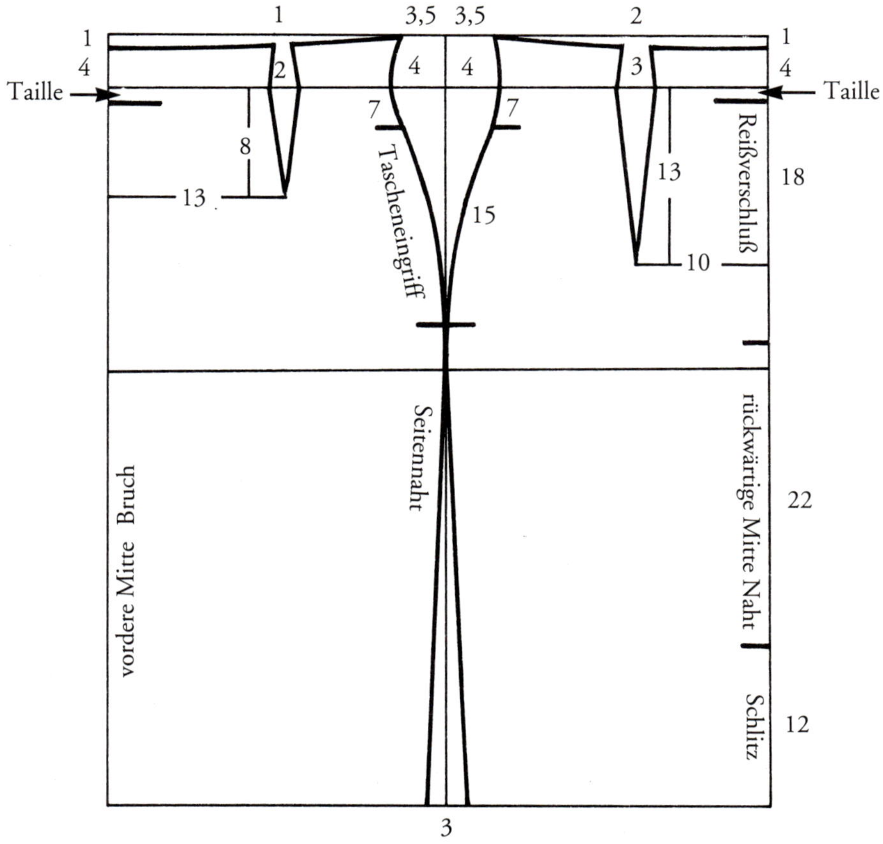

Schmaler Rock mit angeschnittenem Bündchen

Dieser Rock gelingt Ihnen auf Anhieb – selbst wenn Sie selten genäht haben. Seitennähte mit eingenähten Taschen (die man auch noch weglassen kann), hinten eine Naht mit kurzem Gehschlitz, ein Reißverschluß, das Bündchen gleich angeschnitten: einfacher geht's nicht. Dieser Nadelstreifenrock hat die sogenannte „italienische" Länge: er ist 53 cm lang und endet eine Handbreit über dem Knie. Den Schnitt dafür können Sie genau nach Ihren Maßen in jeder beliebigen Rocklänge nach dem Schema auf Seite 62/63 zeichnen.

Schnittauflageplan

vordere Rockbahn
rückwärtige Rockbahn
Fig. 41 Taschenbeutel
a Gürtelschlaufen

Stoffverbrauch

0,90 m Stoff, 140 cm breit; 0,70 m Futterstoff, 140 cm breit; Vlieseline und Reißverschluß (22 cm).

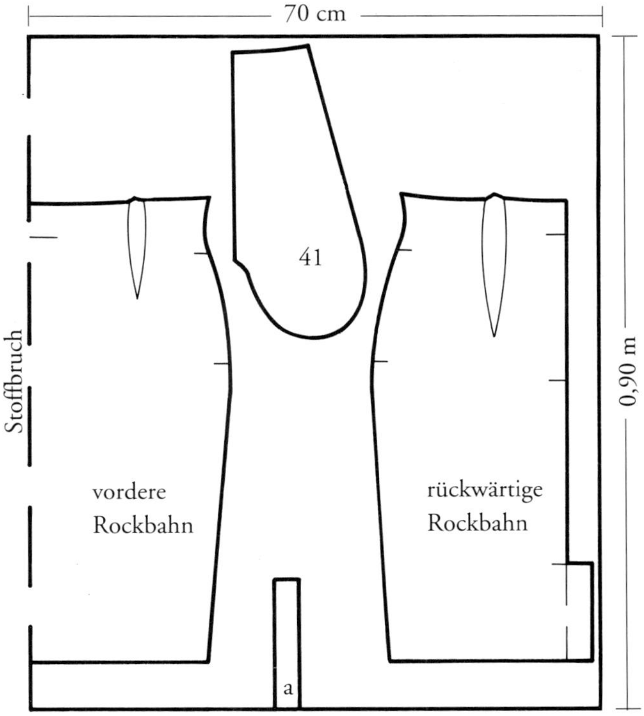

Schmaler Rock mit angeschnittenem Bündchen

Entweder Sie zeichnen den Rockschnitt genau nach Ihren Maßen: das Schema dafür ist auf Seite 62/63. Oder Sie nehmen den Schnitt für den Rock auf Seite 70: Der ist auf dem Schnittbogen. Sie müssen dann beim Zuschneiden nur die Linie „vordere Mitte“ direkt an den Stoffbruch legen und hinten – genau umgekehrt – statt des hier vorgesehenen Stoffbruchs 4 cm Naht (für Reißverschluß und Schlitz) zugeben.

Das Zuschneiden: Alle Teile nach dem Schnittauflageplan auf den Stoff legen, feststecken und zuschneiden. Die Schnitteile für die Taschenbeutel sind auf dem Schnittbogen (Figur 41). An den Seitennähten 2 cm, für die rückwärtige Mittelnaht und für den Rocksaum 4 cm Naht zugeben. Das Futter erst nach der Anprobe mit 1,5 cm Nahtzugaben (an der rückwärtigen Mittelnaht 4 cm) und 1 cm Saum zuschneiden. Alle Schnitteile mit Schneiderkreide markieren und mit dem Kopierrädchen und Kopierpapier auf die andere Stoffseite übertragen.

Das Nähen: Abnäher und die rückwärtige Naht schließen, dabei 22 cm für den Reißverschluß und 12 cm für den Gehschlitz offenlassen. Die Seitennähte zur Anprobe erst einmal heften. Danach die Seitennähte steppen, dabei 15 cm für die Taschenschlitze offenlassen. Bei dünneren Stoffen einen Vlieselinestreifen über die Tascheneingriffe bügeln **(Zeichnung 1)**. Die Seitennähte ausbügeln, im Vorderteil die Tascheneingriffe knappkantig absteppen. Nun die kleineren Taschenbeutelteile (aus dem Futterstoff) an die Nahtzugabe des Rockvorderteils und die größeren Taschenbeutelteile (aus dem Rockstoff) an das hintere Rockteil steppen, wie es **Zeichnung 2** zeigt. Das größere Taschenbeutelteil über das kleinere klappen und die Taschenbeutel zusammensteppen **(Zeichnung 3)**. Die Kanten im Zickzackstich versäubern.
In die rückwärtige Mittelnaht einen Reißverschluß einarbeiten – mit der Hand **(Zeichnung 4)** oder mit der Maschine **(Zeichnung 5)**. Mit der Hand: Reißverschluß unter den scharf gebügelten Schlitz stecken, zuziehen

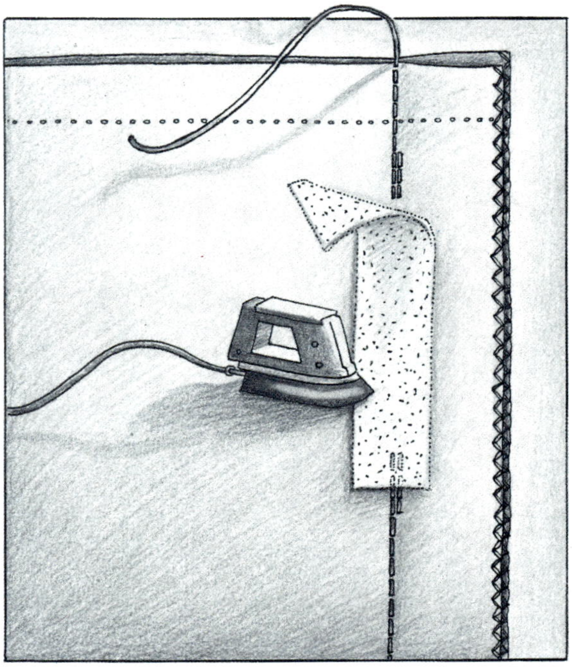

1

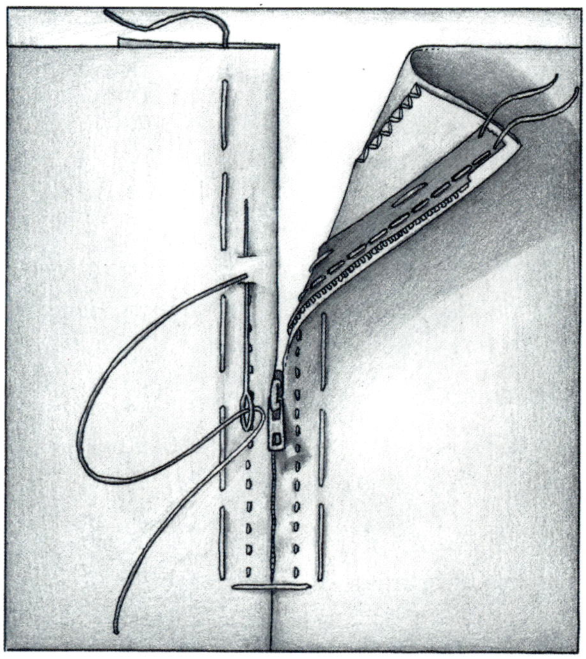

4

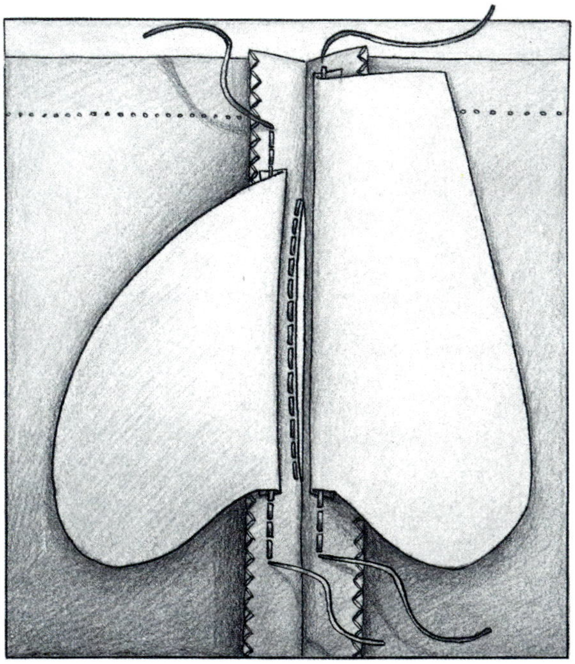

2

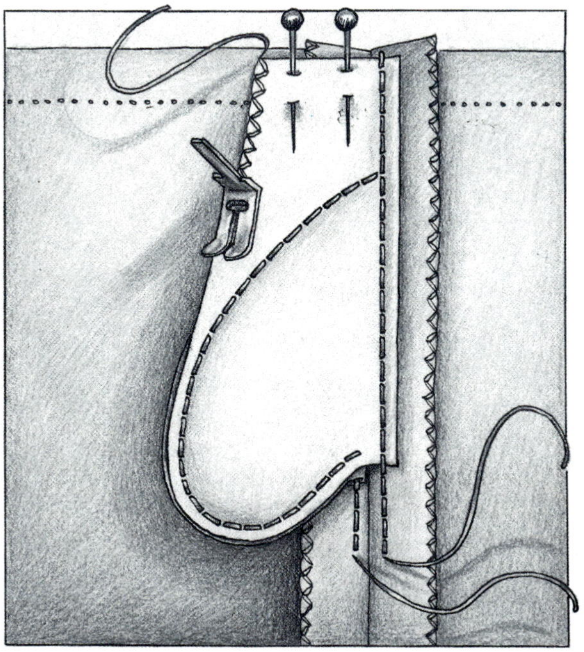

3

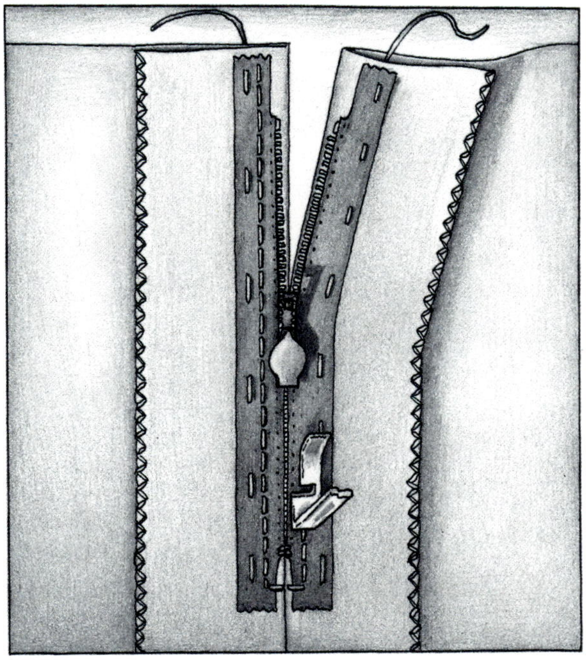

5

und darauf achten, daß die Stoffkanten glatt gegeneinander stoßen. Den Reißverschluß einheften. Den Reißverschluß mit „Hinterstichen" einnähen, das heißt: die Nähnadel direkt hinter dem Ausstich wieder einstechen, den Faden durchholen und festziehen. So bleiben die Stiche von rechts fast unsichtbar. Beim Einnähen mit der Nähmaschine **(Zeichnung 5)** den extra für diesen Zweck vorgesehenen halben Nähfuß einsetzen. Den Reißverschluß einheften und den geöffneten Reißverschluß von der Innenseite aus einsteppen: links oben beginnen, nach etwa 8 cm anhalten, Maschinennadel im Stoff steckenlassen und Nähfuß hochstellen. Nun erst den Schieber des Reißverschlusses hinter die Nadel ziehen, den Nähfuß wieder senken und weitersteppen. Die Querseppstiche am Ende des Reißverschlusses vorsichtig steppen, damit die Nadel nicht abbricht.

Ihr Rock hat jetzt Taschen und Reißverschluß. Probieren Sie ihn noch einmal an, und bestimmen Sie die Länge. Bügeln Sie den Saum, und stecken Sie ihn fest **(Zeichnung 1)**. Nun die breiten Nahtzugaben für den Schlitz in der rückwärtigen Mittelnaht umlegen und bügeln. Saum und Schlitz in einem Arbeitsgang etwa 3 cm breit absteppen **(Zeichnung 2)**. Die Saumecken mit der Hand festnähen **(Zeichnung 3)**. Jetzt geht's an das Futter: Nähen Sie den Rock aus Futterstoff genauso wie den Stoffrock, mit allen Änderungen, die Sie bei der Anprobe vorgenommen haben. Nähte und Abnäher von Rock und Futter müssen genau aufeinanderpassen. Legen Sie den Futterrock nun rechts auf rechts auf den Stoffrock, und steppen Sie beide an den oberen Kanten zusammen. (Die **Zeichnung 4** zeigt den Futterrock nur als Stoffstreifen, weil sich der Arbeitsvorgang so besser demonstrieren läßt.)

Wenden Sie nun den Futterrock nach innen, und befestigen Sie das Futter mit der Hand am Reißverschlußband. Die obere Rockkante knappkantig absteppen, dann noch einmal etwa 4 cm von der oberen Kante entfernt entlangsteppen: das wirkt dann wie ein Bündchen **(Zeichnung 5)**. Für die Gürtelschlaufen etwa 7 cm lange und 3 cm breite Streifen 4mal zuschneiden, im Zickzackstich versäubern, umbügeln und knappkantig absteppen. Die Gürtelschlaufen an Seitennähten und Abnähern befestigen wie es **Zeichnung 5** zeigt. Zum Schluß den Futterrock säumen (etwa 3 cm kürzer als den Stoffrock) und am Gehschlitz festnähen **(Zeichnung 6)**.

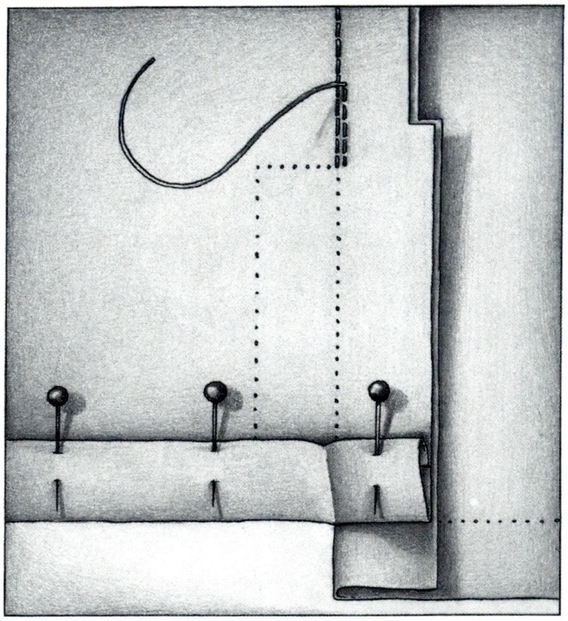

1

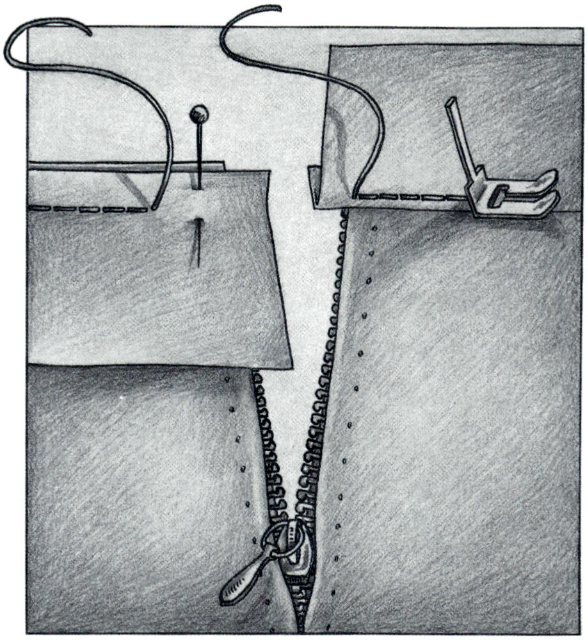

4

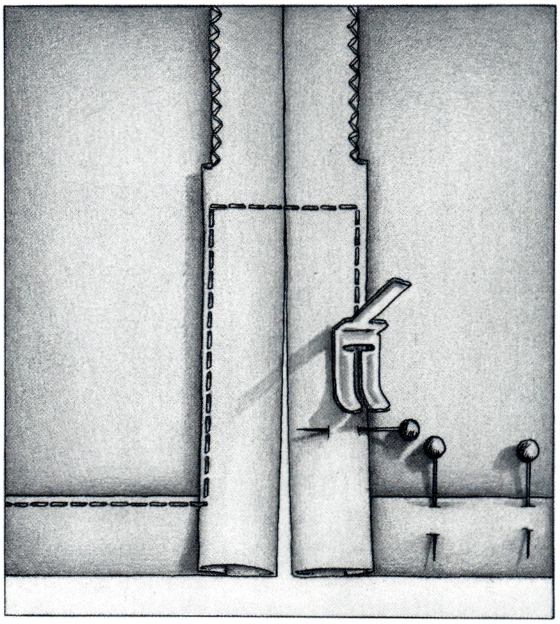
2

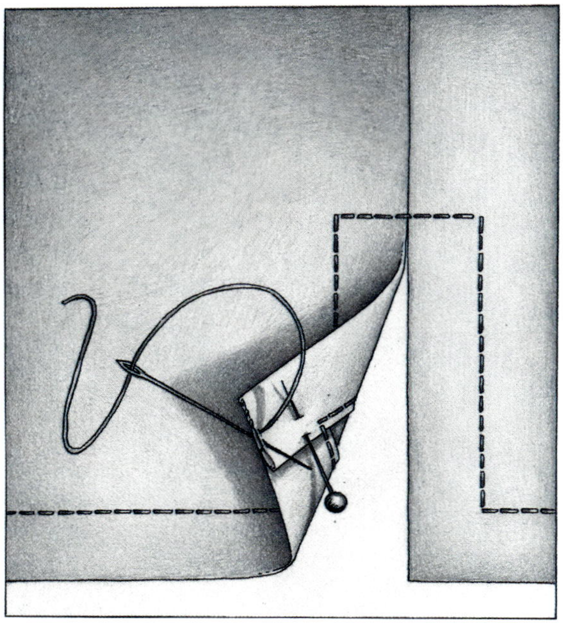
3

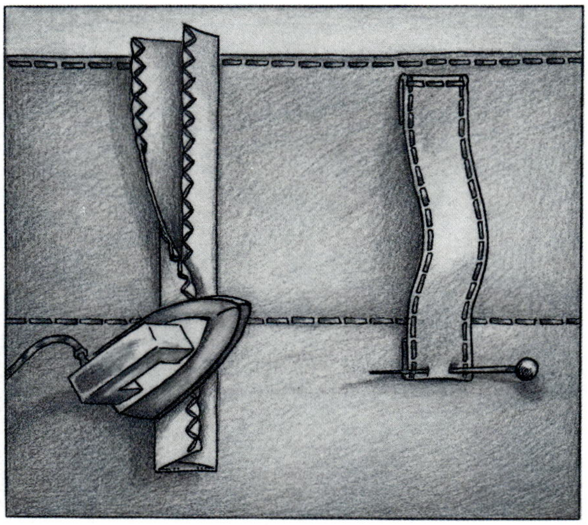
5

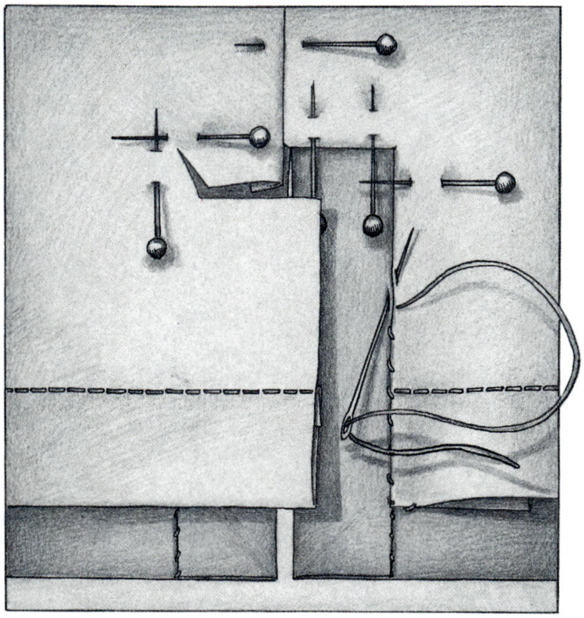
6

Sportlicher Rock aus Gabardine

Es lohnt sich, für diesen Rock einen richtig guten Stoff zu kaufen: Sein Stil ist so zeitlos, daß Sie lange etwas davon haben. Der Schnitt dafür ist auf dem Schnittbogen. Sie können den Rock aber auch nach dem Schema auf Seite 62/63 nach genau Ihren Maßen zeichnen. Auch er hat wieder – wie der Rock auf Seite 64 – ein angeschnittenes Bündchen und Taschen in der Seitennaht. Durch den deutlich sichtbar eingenähten Reißverschluß und den Stoff – sehr fester Wollgabardine – wirkt er allerdings viel sportlicher.

Schnittauflageplan

Fig. 16 Vorderteil
Fig. 17 Rückenteil
Fig. 41 Taschenbeutel
a Gürtelschlaufen

Gr. 38 —✖✖—✖✖—✖✖
Gr. 40 ══════
Gr. 42 ▬▬○▬▬○▬▬○

Stoffverbrauch

0,90 m Stoff (bei 53 cm Rocklänge) 140 cm breit; 0,70 m Futterstoff, 140 cm breit; Vlieseline und Reißverschluß.

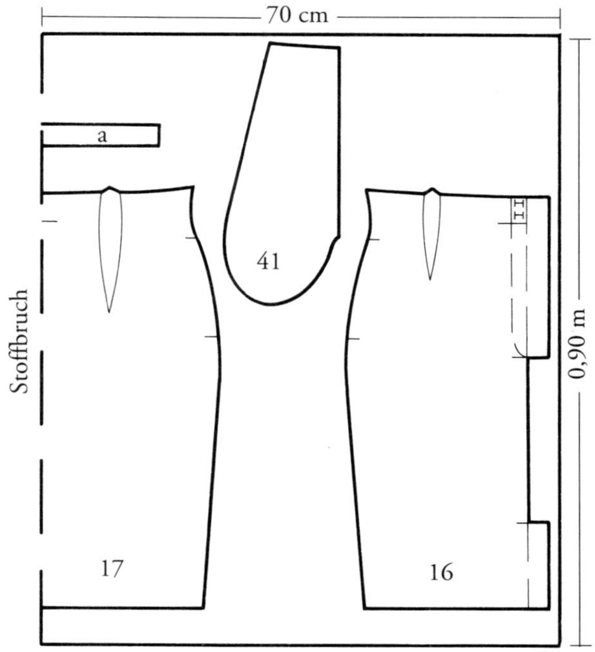

Sportlicher Rock aus Gabardine

Dieser Rock mit Schlitzfalte und verdecktem Reißverschluß ist hinten glatt, das Bündchen wird gleich angeschnitten, wie schon beim Rock auf Seite 64. Dennoch ist die Verarbeitung hier etwas schwieriger, es sei denn, Sie nähen den Rock ohne Futter und verstürzen die obere Kante mit einem Formstreifen.

Das Zuschneiden: Kopieren Sie alle Schnitteile aus dem Schnittbogen heraus, und legen Sie sie nach dem Schnittauflageplan auf den Stoff. Mit den entsprechenden Nahtzugaben zuschneiden. Zwei große Taschenbeutel aus dem Oberstoff und zwei kleine aus dem Futterstoff zuschneiden. Alle Schnitteile markieren: Die Gehfalte und den Schlitz für den Reißverschluß mit einem Heftfaden auch auf der rechten Stoffseite kennzeichnen.

Das Nähen: Die Mittelnaht steppen, dabei 22 cm für den Reißverschluß und 12 cm für den Gehschlitz offenlassen. Die Schlitze zuheften. Die breite Nahtzugabe (den Beleg) ins rechte Vorderteil bügeln und das kurze Stück Mittelnaht von rechts ganz knapp neben der Naht absteppen. Die Abnäher schließen. Die Seitennähte zur Anprobe heften oder gleich nähen, den Saum umheften.

Anprobe: Nach der Anprobe die Seitennähte schließen, dabei 15 cm für die Taschen offenlassen. Taschen einarbeiten (siehe Seite 66/67). Den Saum umbügeln und 3 cm vom Saum entfernt zweimal im Abstand von 2 mm nebeneinander absteppen **(Zeichnung 1)**. Nach der Anprobe den Taftrock mit 1,5 cm breiten Nahtzugaben und 1 cm Saum zuschneiden, an der Mittelnaht 5 cm zugeben. Die Schlitze für Reißverschluß und Gehfalte offenlassen. Die breite Naht (den Beleg) links in das Rockvorderteil bügeln. Nun den Rock mit dem Taftrock an der oberen Kante verstürzen: den Stoff rechts auf rechts legen und an der oberen Kante entlang zusammensteppen – beim Obertritt nur bis zum angeschnittenen Beleg, beim Untertritt bis zum Ende. Den Untertritt von Rock und Futterrock knappkantig einschlagen und gegeneinandernähen. Nach dem Zusammensteppen von Rock und Futterrock die obere Kante knapp absteppen, dann noch einmal 4 cm darunter. Nun auch die Kante des Obertritts und die Kante für die Schlitzfalte knapp absteppen. Zwei Knopflöcher einarbeiten **(Zeichnung 2** und Seite 39). Sie können den Reißverschluß aber auch bis zur oberen Kante einsteppen und statt der Knöpfe nur ein Häkchen annähen.

Reißverschluß einsteppen: Nähen Sie jetzt 1 cm entfernt von der mit Heftfaden markierten Linie den Reißverschluß an – aufgezogen und mit halbem Steppfüßchen **(Zeichnung 3)**. Kippen Sie die Hälfte des Reißverschlußbandes am Untertritt um – das sieht hübscher aus. Für das Einnähen des Reißverschlusses am Obertritt die Einstepplinie 2,5 cm von der Kante entfernt mit Kopierstift markieren (verblaßt später!) und in der geraden Linie den zugezogenen Reißverschluß in den Obertritt des Rockes steppen. Den Reißverschluß zuziehen und an der schrägen Linie durch alle Stofflagen das untere Ende vom Reißverschluß feststeppen. Den Futterrock so an Reißverschluß und Schlitzfalte befestigen, wie es die Zeichnungen 1 und 2 auf Seite 82/83 zeigen. Zum Schluß Gürtelschlaufen über den vier Abnähern so annähen, wie schon auf Seite 68 beschrieben.

1

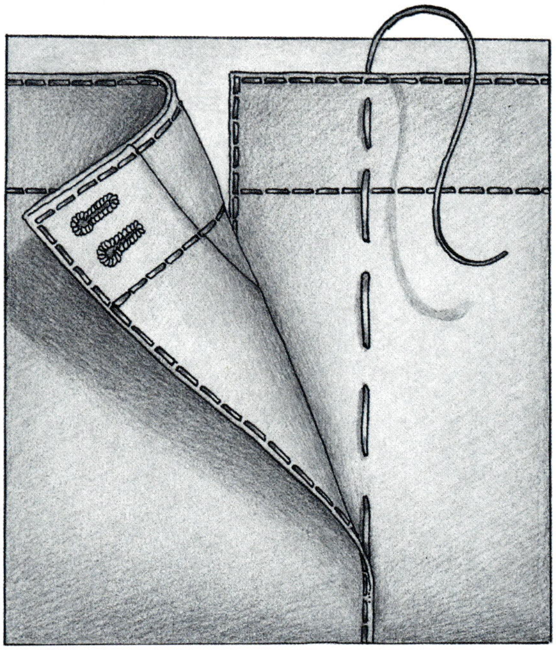

2

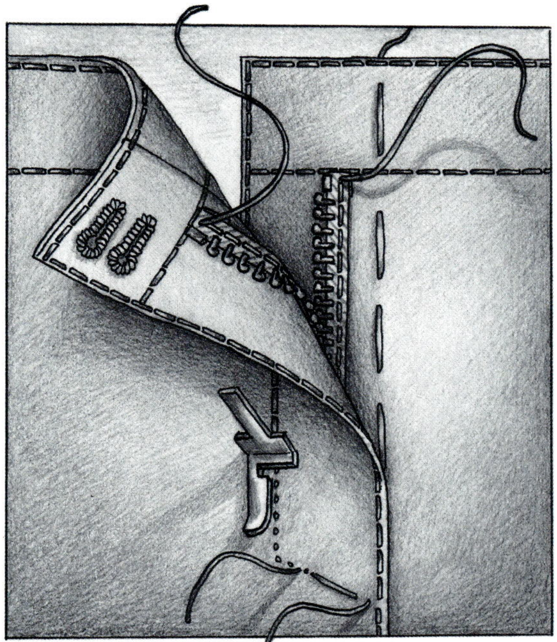

3

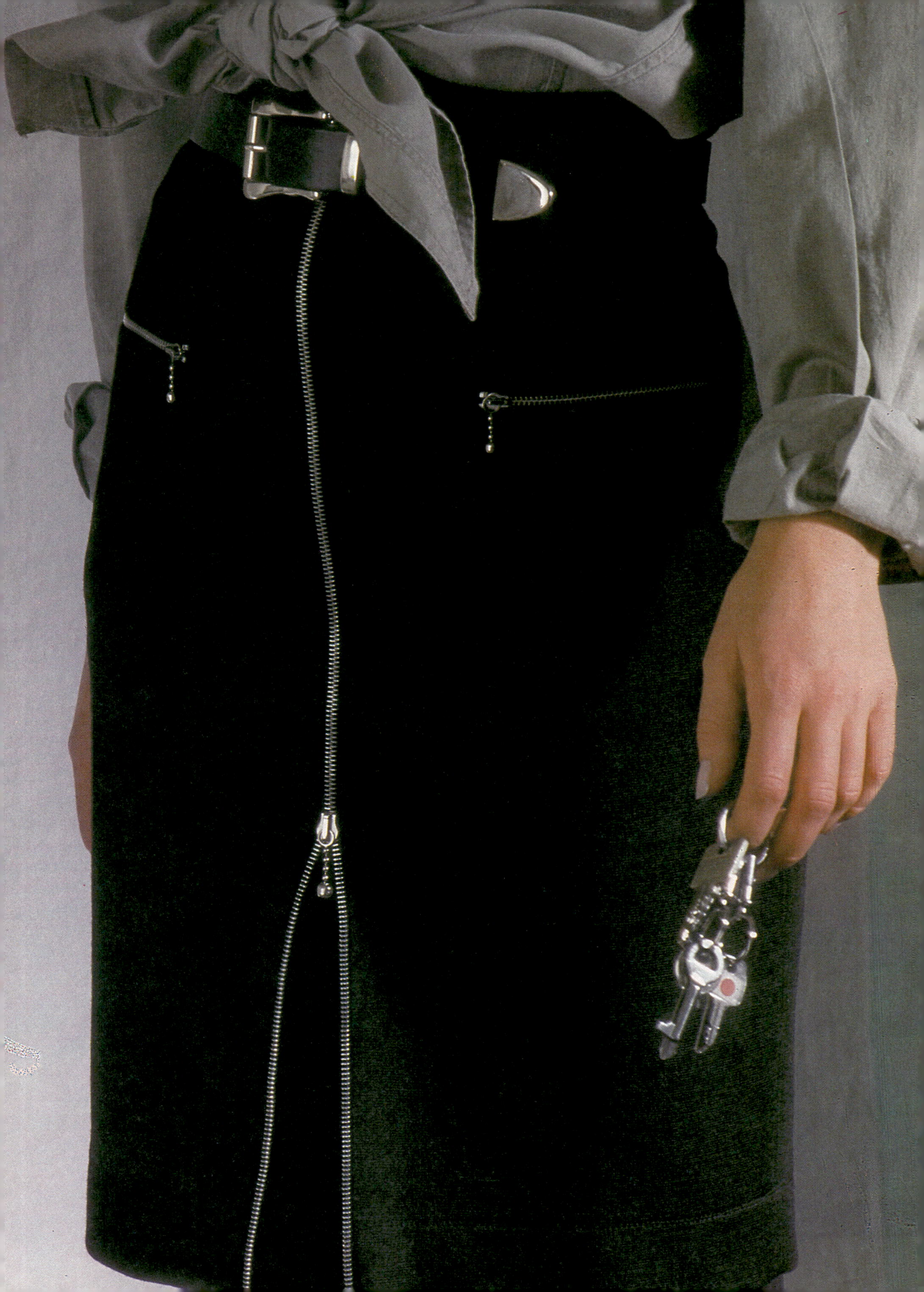

Rock mit Reißverschlüssen

Falls Ihnen schmale Röcke eigentlich zu damenhaft sind: Dieser Rock aus schwarzem Jersey mit Metallreißverschlüssen ist es nicht! Er zeigt immer gerade so viel Bein, wie Sie wollen und würde auch in wadenlang super aussehen. Der Rock ist nicht gefüttert – daher ist dieses modische Stück ganz schnell genäht. Wichtig ist, daß Sie dicken, festgewebten Jersey kaufen. Reißverschlüsse kann man übrigens in jeder Länge in Modewarengeschäften und Kaufhäusern bestellen. Auf Seite 59 ist der Rock noch mal mit einer passenden Jacke als Kostüm zu sehen.

Schnittauflageplan

Fig. 16 Vorderteil
Fig. 17 Rückenteil

Gr. 38 —✖✖—✖✖—✖✖
Gr. 40 ══════
Gr. 42 ▬▬○▬▬○▬▬○

Stoffverbrauch

0,90 m Stoff, 140 cm breit; Vlieseline, Taft und Reißverschlüsse.

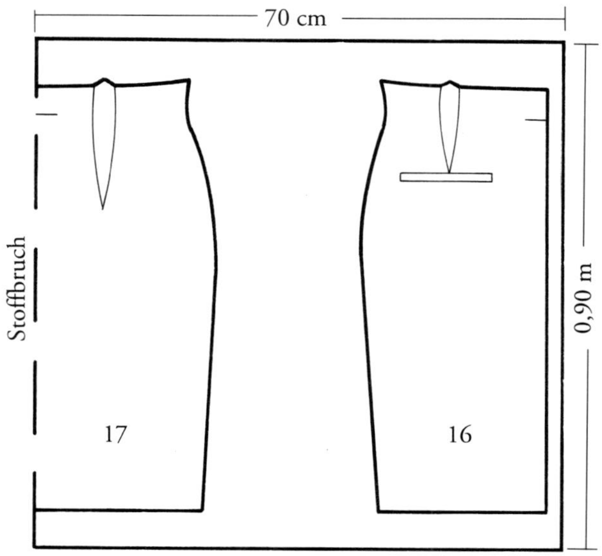

Rock mit Reißverschlüssen

Auch hier haben Sie die Wahl, ob Sie den Schnitt für diesen Rock genau nach Ihren Maßen zeichnen (nach dem Schema auf Seite 62/63) oder aus dem Schnittbogen herauskopieren wollen (Modell Seite 70).

Das Zuschneiden: Legen Sie die Schnitteile nach dem Schnittauflageplan auf den Stoff. Geben Sie beim Zuschneiden für die vordere Mitte 3 cm, an den Seiten 2 cm und für den Saum 5 cm Naht zu. Das „Bündchen“ ist auch bei diesem Rock gleich angeschnitten. Da er aber nicht – wie die anderen Modelle – mit einem Futterrock verstürzt wird, müssen Sie hier an der oberen Kante 5 cm Naht zugeben. Diese sehr breite Nahtzugabe wird später nur umgebügelt und festgesteppt – das ist aber nur bei dehnbaren Stoffen wie Jersey möglich. Schneiden Sie nun noch zwei Schrägstreifen (ca. 18 x 6 cm) und zwei Taschenbeutel (ca. 16 x 30 cm) aus Futterstoff zu. Markieren Sie alle Schnitteile, und schließen (heften oder nähen) Sie die Seitennähte für die erste Anprobe. Die vorderen Kanten scharf umbügeln und den Reißverschluß einheften.

Anprobe: Dabei auch schon exakt die Länge bestimmen, weil der Saum schon vor dem Einnähen des Reißverschlusses festgesteppt wird.

Beim Nähen mit den Taschen beginnen: Auf die Taschenmarkierungen von links Vlieselinestreifen (ca. 16 x 4 cm) bügeln **(Zeichnung 1)**. Die Markierungen mit einem Heftfaden auf die rechte Stoffseite übertragen. Taftschrägstreifen von rechts auf die Markierungslinien stecken und von links eine Art „Riesenknopfloch“ steppen. Das Maß dafür ist die Länge des Reißverschlusses – hier 12 x 1 cm. Das „Knopfloch“ in der Mitte einschneiden, die Ecken schräg **(Zeichnung 2)**. Nun den Schrägstreifen durch den Schlitz nach innen ziehen, die Kante heften, so daß die Naht von rechts nicht zu sehen ist **(Zeichnung 3)**. Bügeln. Den Reißverschluß so in den Schlitz stecken, daß die Metallschiene sichtbar wird, und mit dem halben Steppfuß knappkantig einsteppen **(Zeichnung 4)**. Das Taschenbeutelteil so an das untere Teil des Schrägstreifens steppen, wie es **Zeichnung 5** zeigt. Den Stoff umklappen und auch oben am Schrägstreifen festnähen, die Seiten des Taschenbeutels ebenfalls schließen. Jetzt die Rockseitennähte steppen, versäubern und die Nahtzugaben in das vordere Rockteil bügeln. Direkt neben der Naht und dann noch einmal steppfußbreit daneben von rechts absteppen – das sieht bei einem ungefütterten Rock sehr perfekt aus. Den Rocksaum 4 cm breit von der Saumkante entfernt ansteppen. Jetzt die breiten Nahtzugaben am angeschnittenen Bündchen umheften, bügeln, einmal knappkantig umsteppen, dann noch einmal 4 cm von der Bündchenkante entfernt. Ganz zum Schluß den Reißverschluß dicht an der Kante entlang mit halbem Steppfüßchen einsteppen.

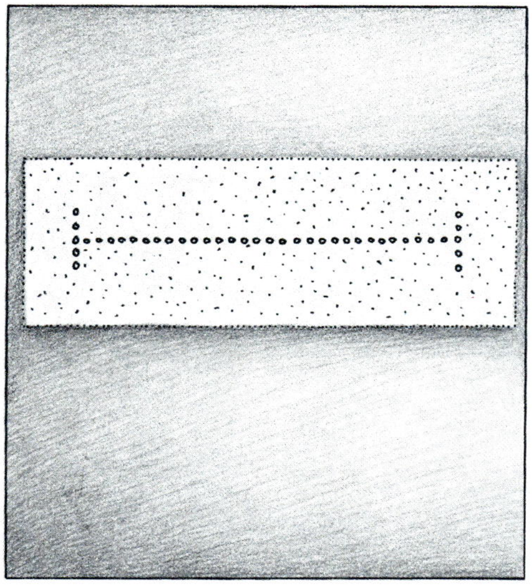

1

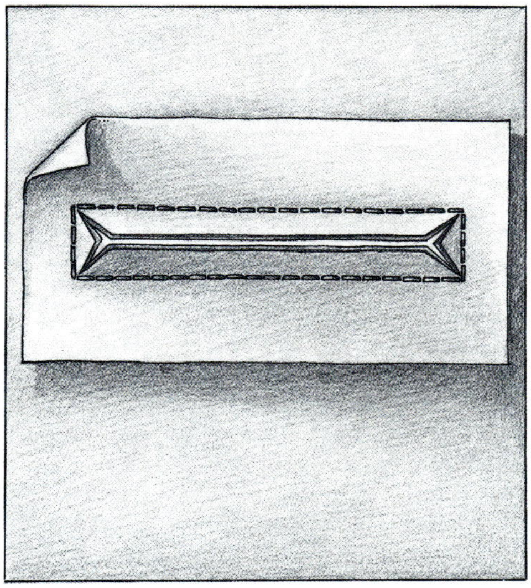

2

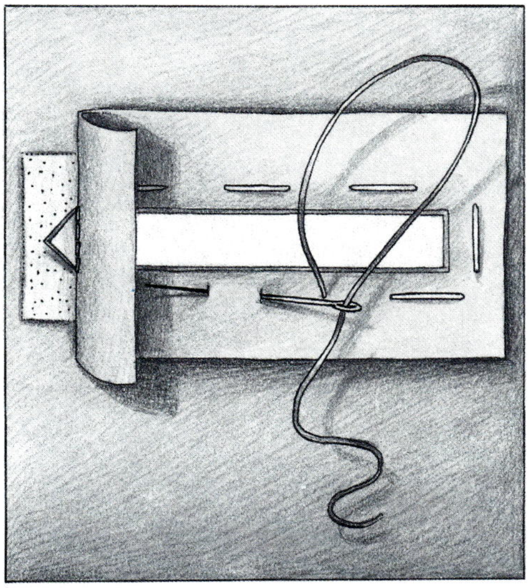

3

4

5

Rock mit Teilungsnähten

Dieser Rock mit Bündchen, Teilungsnähten und schrägen Taschen ist nicht ganz leicht zu nähen – dafür ist er aber auch besonders schön. Knapp knielang – wie hier – sieht er am besten aus. Für einen Minirock ist er zu elegant, und die Proportionen stimmen nicht. Der Rock ist aus feinem Wollstoff. Er hat auch hinten Teilungsnähte, außerdem eine Mittelnaht mit Schlitzfalte und verdecktem Reißverschluß. Es ist also richtig „was dran" – und das heißt leider auch: richtig viel Arbeit!

Schnittauflageplan

Fig. 18 mittleres Vorderteil
Fig. 19 Seitenteil
Fig. 20 seitliches Vorderteil
Fig. 21 seitliches Rückenteil
Fig. 22 mittleres Rückenteil
a Rockbündchen
b Gürtelschlaufen

Gr. 38 —••—••—••—
Gr. 40 —×—×—×—×
Gr. 42

Stoffverbrauch

0,90 m Stoff, 140 cm breit; 0,80 m Futterstoff, 140 cm breit; Vlieseline und Reißverschluß.

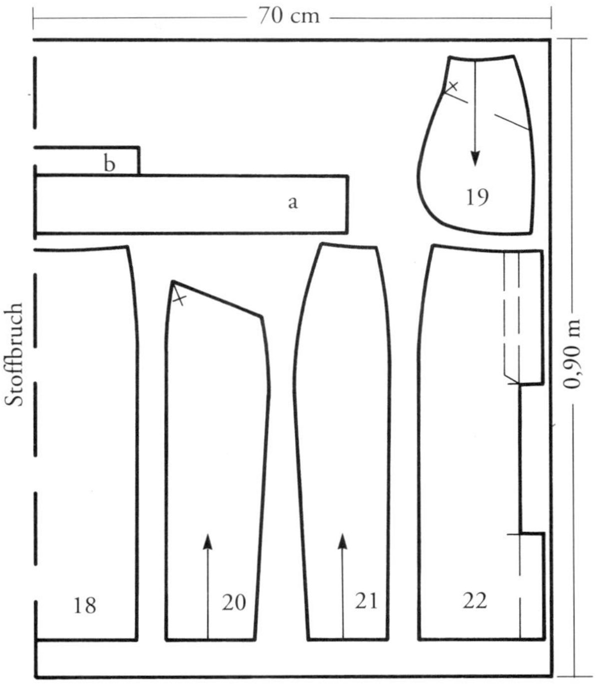

Rock mit Teilungsnähten

Das Zuschneiden: Kopieren Sie alle Schnitteile aus dem Schnittbogen heraus. Für die in den Seitenteilen eingearbeiteten Taschen müssen Sie die Taschenbeutel noch extra aus dem kurzen Seitenteil (Schnitteil 19) herauskopieren. Nun alle Teile mit den entsprechenden Nahtzugaben zuschneiden. Markieren Sie den Sitz der Tascheneingriffe in den Seitenteilen (mit Heftfaden auf die rechte Stoffseite übertragen). Einen langen Stoffstreifen für das Bündchen zuschneiden:
8 x 77 cm für Größe 38,
8 x 81 cm für Größe 40,
8 x 85 cm für Größe 42.

Das Nähen: Die Taschen in den Seitenteilen schon vor der ersten Anprobe fix und fertig arbeiten, weil sie am Sitz des Rockes nichts ändern. Bügeln Sie die Vlieselinestreifen auf die Tascheneingriffe. Verstürzen Sie nun die Tascheneingriffe der langen vorderen Seitenteile mit den Taschenbeuteln aus Futterstoff **(Zeichnung 1)**. Bügeln Sie die Kanten, und steppen Sie sie knappkantig ab **(Zeichnung 2)**. Den Taschenbeutel nach innen kippen, die Kanten beim Tascheneingriff knappkantig und dann noch mal 1 cm daneben von rechts absteppen. Nun die fertig verstürzten Teile auf die kurzen Seitenteile stecken und heften – genau in der markierten schrägen Linie. An den kurzen Seitenteilen sind die Taschenbeutel sozusagen angeschnitten. Verbinden Sie die Seitenteile nun mit den Tafttaschenbeuteln, lassen Sie aber die Seitennähte offen **(Zeichnung 3)**. Steppen Sie die beiden Seitenteile ans Vorderteil: Erst von unten bis circa 2 cm vor dem Tascheneingriff, dann von oben die restliche Naht schließen. Steppen Sie die obere Naht auch auf dem Taschenbeutel fest **(Zeichnung 4)**. Bügeln Sie die Nahtzugaben nach innen, und steppen Sie die Nähte von rechts einmal knappkantig und dann nochmal daneben 1 cm breit ab **(Zeichnung 5)**. Nun auch die rückwärtige Mittelnaht schließen, dabei einen 18 cm langen Schlitz für den Reißverschluß und einen 14 cm langen Gehschlitz offenlassen. Das Mittelteil mit den Seitenteilen verbinden und doppelt absteppen. Die Seitennähte erst heften, noch nicht nähen, weil dieser Rock sehr figurbetont ist. Anprobe, dann erst die Seitennähte steppen. Jetzt den Reißverschluß einnähen. Den Stoffbruch im Obertritt scharf einbügeln. Die Mitte des Untertritts mit einem Heftfaden auf die rechte Stoffseite übertragen, umbiegen, leicht vorschieben und mit halbem Nähfüßchen an das Reißverschlußband steppen. Den Reißverschluß unter den Obertritt heften und einnähen, am Schlitzende schräg. Schneiden Sie die Nahtzugaben vom Untertritt der Gehfalte etwas ein **(Zeichnung 6)**, bügeln Sie die Kante knapp um, und verstürzen Sie sie mit dem Saum. Den Obertritt am Saum mit der Hand festnähen. Obertritt und Untertritt in einer schrägen Linie zusammensteppen.

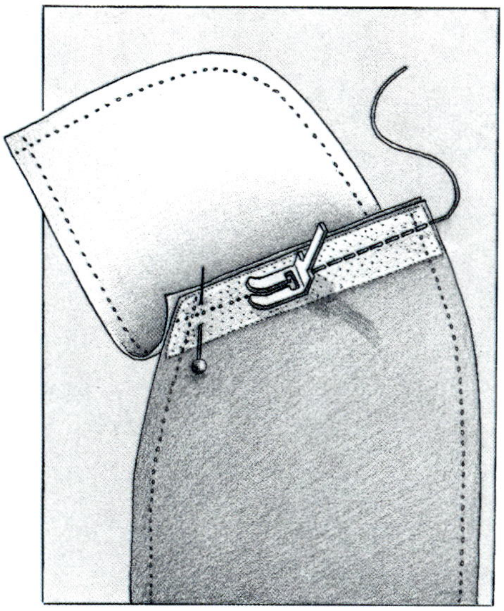

1

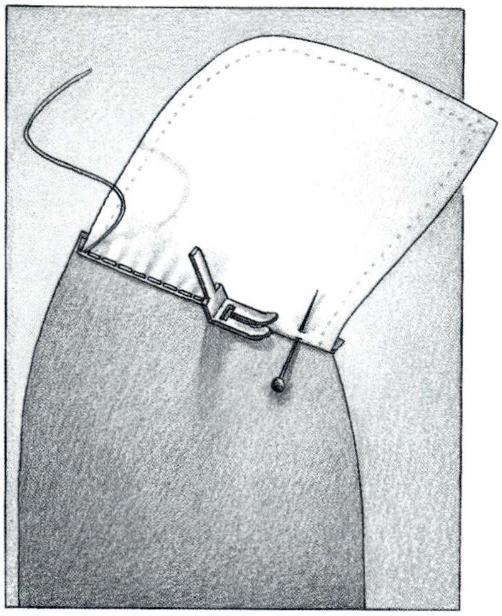

2

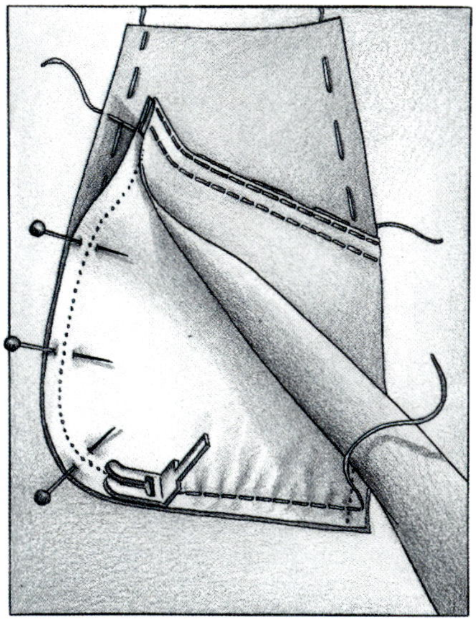

3

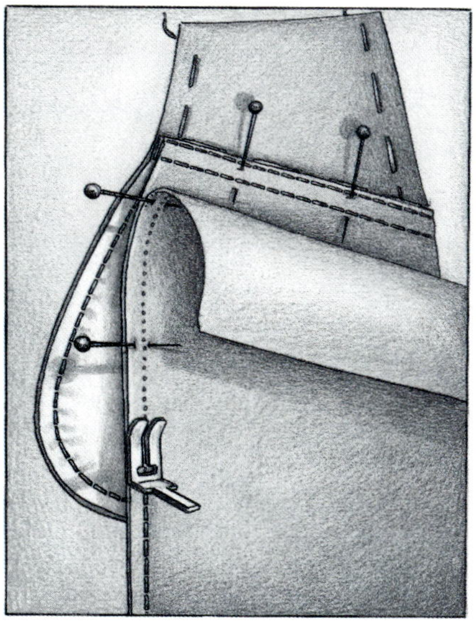

4

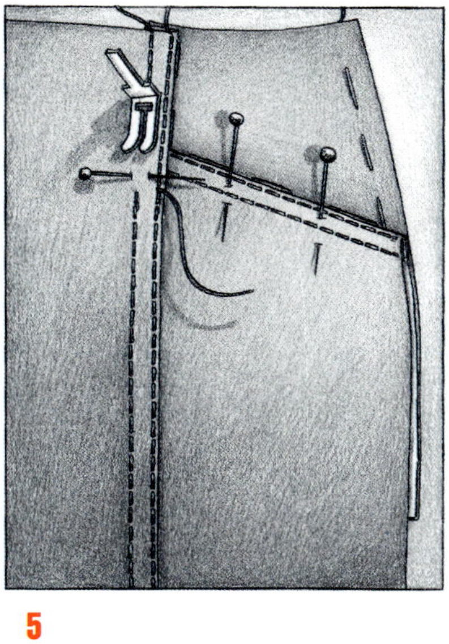

5

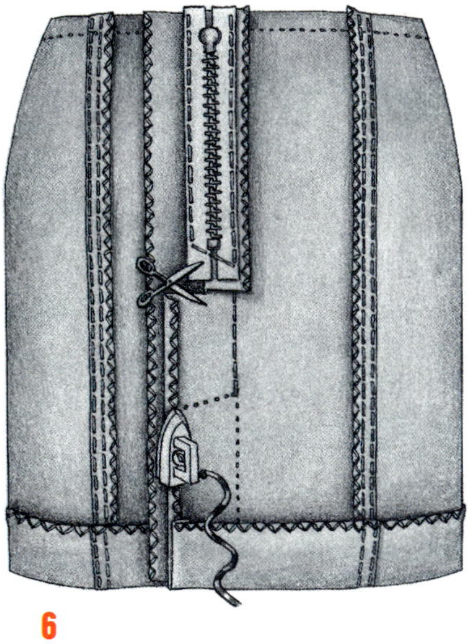

6

Beim Taftfutter können Sie auf die seitlichen Teilungsnähte verzichten: Ein Taftrock mit wenigen Nähten sieht einfach besser aus. Dafür müssen Sie den Schnitt vereinfachen. Kleben Sie die Schnitteile 19 und 20 (+ an +) aufeinander. Legen Sie dann die Kanten dieser Seitenteile Ihres Schnittes genau gegen das Schnittvorderteil bzw. gegen das rückwärtige Teil. Kleben Sie den Schnitt mit Klebestreifen zusammen, bis zu dem Punkt, wo die Linien auseinanderzulaufen beginnen. Hier können Sie jetzt vorn und hinten Abnäher einzeichnen. Falls Ihnen das Abändern des Schnittes zu riskant ist, können Sie den Taftrock natürlich auch mit den Teilungsnähten zuschneiden. Nähen Sie den Taftrock fertig, und schneiden Sie die Nahtzugaben an der Schlitzfalte und am Reißverschluß so ein, wie **Zeichnung 1** zeigt. Am Schlitz-

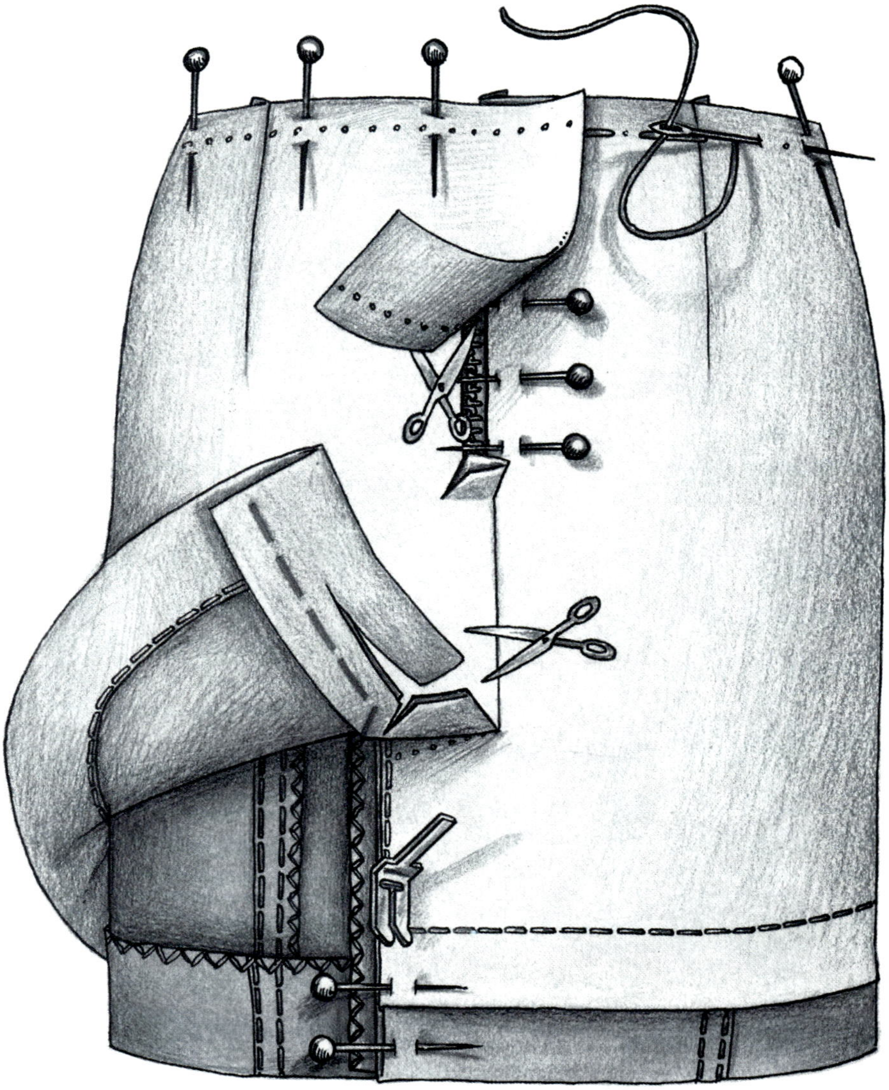

1

untertritt das Futter umbiegen und ansteppen.
Zeichnung 2 zeigt, wie das Futter am Rock befestigt wird. Erst wenn der Rock soweit fertig ist, das Bündchen ansteppen. Dafür Bundfix-Einlage auf den Bündchenstreifen bügeln und in der mittleren Stanzlinie umbügeln (Zeichnungen auf Seite 110/111). Gürtelschlaufen arbeiten (fertig: 1 x 6 cm, Zeichnung 5 auf Seite 69) und beim Ansteppen des Bündchens gleich mitfassen. Die Gürtelschlaufen werden jeweils über den Teilungsnähten angebracht. Den Bündchenstreifen rechts auf rechts auf den Stoff stecken und in der unteren Stanzlinie der Einlage feststeppen. Das Bündchen zur Hälfte umbügeln, mit der Hand an der oberen Rockkante gegennähen, dann einen Haken annähen (oder Knopf, Knopfloch).

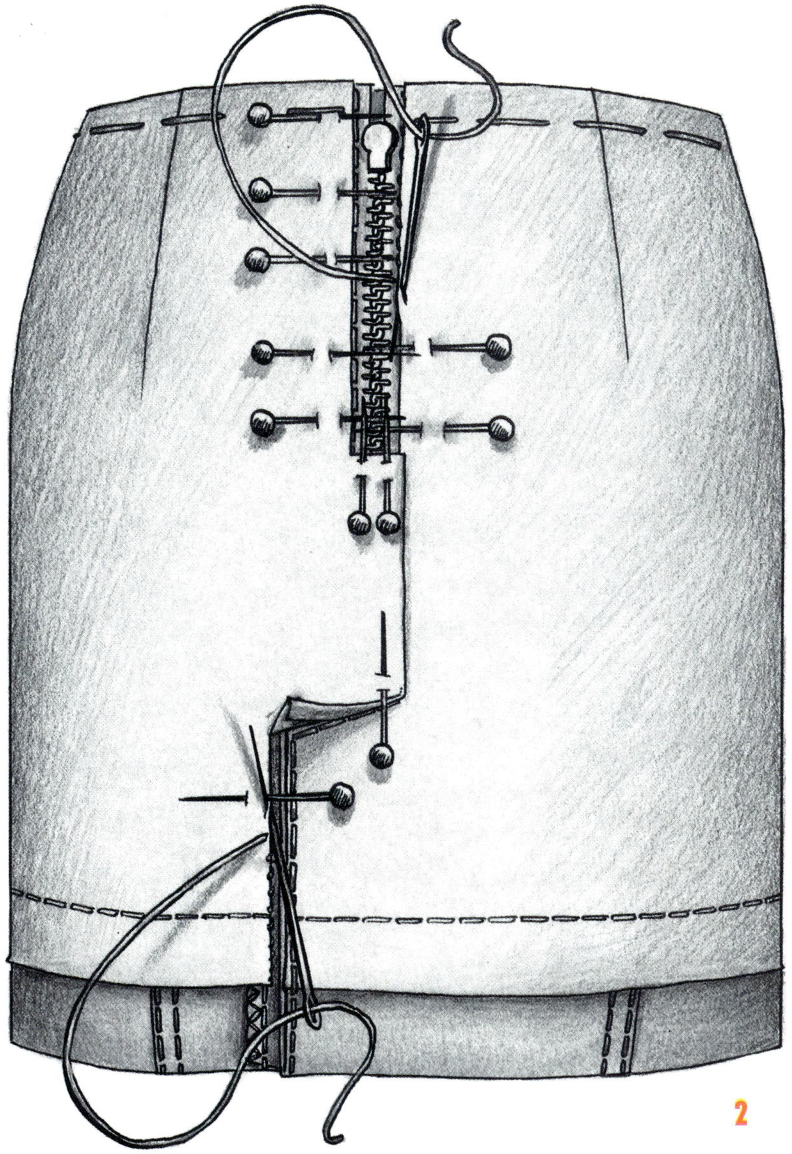

2

Faltenrock

Der Faltenrock gehört zu den Klassikern, die immer mal wieder ganz plötzlich supermodisch sind. Kniekurz – wie hier – wirkt er sehr jung; wadenlang sieht ein Faltenrock fast immer elegant aus. Dünne fließende Stoffe eignen sich besser dafür als feste Wollstoffe. Dieser Rock aus dünnem Jersey ist leicht genäht: Er hat ein Kräuselbündchen, der Saum wurde einfach mit der Maschine umgesteppt.

Stoffverbrauch

1,90 m dünner Jersey, 140 cm breit; Bundfix oder Gummiband.

Der Stoffverbrauch für einen Faltenrock wird von der gewünschten Rocklänge bestimmt: Sie brauchen immer drei 1,40 m breite Stoffbahnen in der jeweiligen Rocklänge. Hier sind es drei Bahnen à 60 cm Länge: 54 cm Rocklänge plus Saum und Nahtzugaben. Dazu kommt noch ein 10 cm breiter Streifen für das Bündchen. Stoffverbrauch also insgesamt: 1,90 m für diesen kurzen Faltenrock. Die Menge der Falten richtet sich nach Ihrer Hüftweite: der Rock hat in Größe 38 insgesamt 34 Falten, in Größe 40 hat er 35 Falten und in Größe 42 sind es 37 Falten.

Der Faltenrock

Das Zuschneiden: Zwei der Stoffbahnen sind immer 1,40 m breit. Die Breite der dritten Stoffbahn richtet sich nach der Menge der Falten, also Ihrer Hüftweite. Für Größe 38 ist die dritte Stoffbahn 38 cm breit, bei Größe 40 mißt sie 47 cm und bei Größe 42 sind es 65 cm. Einen 10 cm breiten Streifen für das Bündchen können Sie eventuell aus dem seitlich abfallenden Stoff zuschneiden.

Das Nähen: Bei allen drei Stoffbahnen 5 cm breite Säume umbügeln und nähen. Der obenliegende Teil der Falten – hier „Faltenbreite" genannt – ist je 3 cm breit, die darunterliegende „Faltentiefe" mißt je 6 cm. Übertragen Sie diese Maße von rechts so auf den Stoff: Markieren Sie die Faltenabstände an der oberen Kante und am Saum; legen Sie ein langes Lineal an, und zeichnen Sie „Verbindungslinien", die Sie in kürzeren Abständen mit Stecknadeln oder Schneiderkreide markieren. Beginnen Sie das Abmessen bei jeder Bahn links mit einer halben Faltentiefe (3 cm plus 1 cm Nahtzugabe). Dann wieder eine Faltenbreite (3 cm), dann die ganze Faltentiefe (6 cm), die Faltenbreite (3 cm) usw. Wichtig ist, daß alles mit einer Faltentiefe plus Nahtzugabe endet. Stecken Sie nun die Falten aufeinander und bügeln Sie sie ein – wie **Zeichnung 1** zeigt. Die Bahnen in den Faltentiefen aneinandernähen **(Zeichnung 2)**. Zum Schluß einen 10 cm breiten Jerseystreifen annähen, umlegen, festnähen und Gummi einziehen **(Zeichnung 3)**. Nur bei sehr dünnen Stoffen können Sie das Bündchen so einfach arbeiten. Bei dickeren Stoffen müssen Sie die Falten an der oberen Rockkante auf die entsprechende Taillenweite übereinanderlegen, in eine der Nähte einen Reißverschluß einnähen und ein festes Bündchen annähen (siehe Zeichnungen Seite 110/ 111).

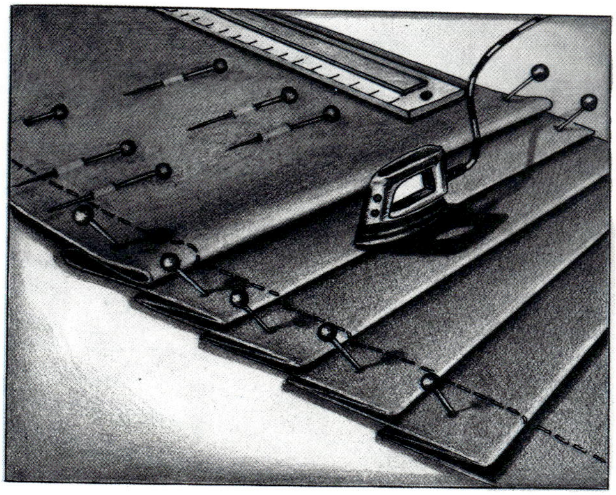

1

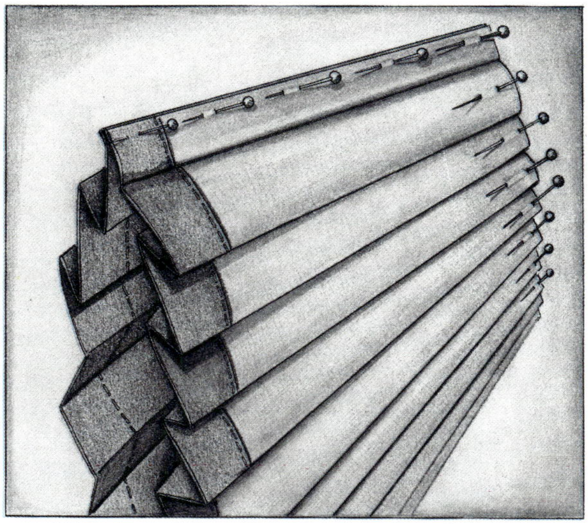

2

3

Eine schlichte Jacke mit dekorativen Borten. Mehr auf Seite 98/99.

Der Witz liegt im Detail

Alle Jacken dieses Buches wurden hier noch einmal aus anderen Stoffen und mit ganz besonderen Zutaten genäht. Das Ergebnis: sehr individuelle Modelle für Frauen, die Spaß am Improvisieren haben. Für diese Jacken brauchen Sie keine Extra-Anleitung. Sie werden, bis auf wenige Details, genauso genäht wie die schon beschriebenen Modelle.

Sieht lässig aus: Jackett im Reiterstil

Lederflicken für die Ärmel, Hornschnallen, Holzknebel und Lederknöpfe: Das sind die richtigen Zutaten für ein Jackett im Stil „Englischer Landadel“. Die Jacke auf der rechten Seite wirkt besonders raffiniert durch die Kombination von Karostoff, braunem Samt für den Kragen und knallblauem Futter. Auch schön: schwarz-weißer Tweed mit rotem Futter. Die Jacke wurde nach dem Grundmodell von Seite 18 bis 33 genäht (mit den Taschen von Seite 36/37).

Macht was her: Blazer im Marinestil

Anker, Sterne, Goldknöpfe und mehr oder weniger stilechte Wappen und Embleme sehen auf diesem Blazer aus dunkelblauem Tuch sehr eindrucksvoll aus. Er wurde nach dem Schnitt für den klassischen Zweireiher von Seite 34 genäht: Sie müssen nur etwas mehr Stoff für drei aufgesetzte Taschen und kleine Riegel an Schultern und Ärmeln einkalkulieren.

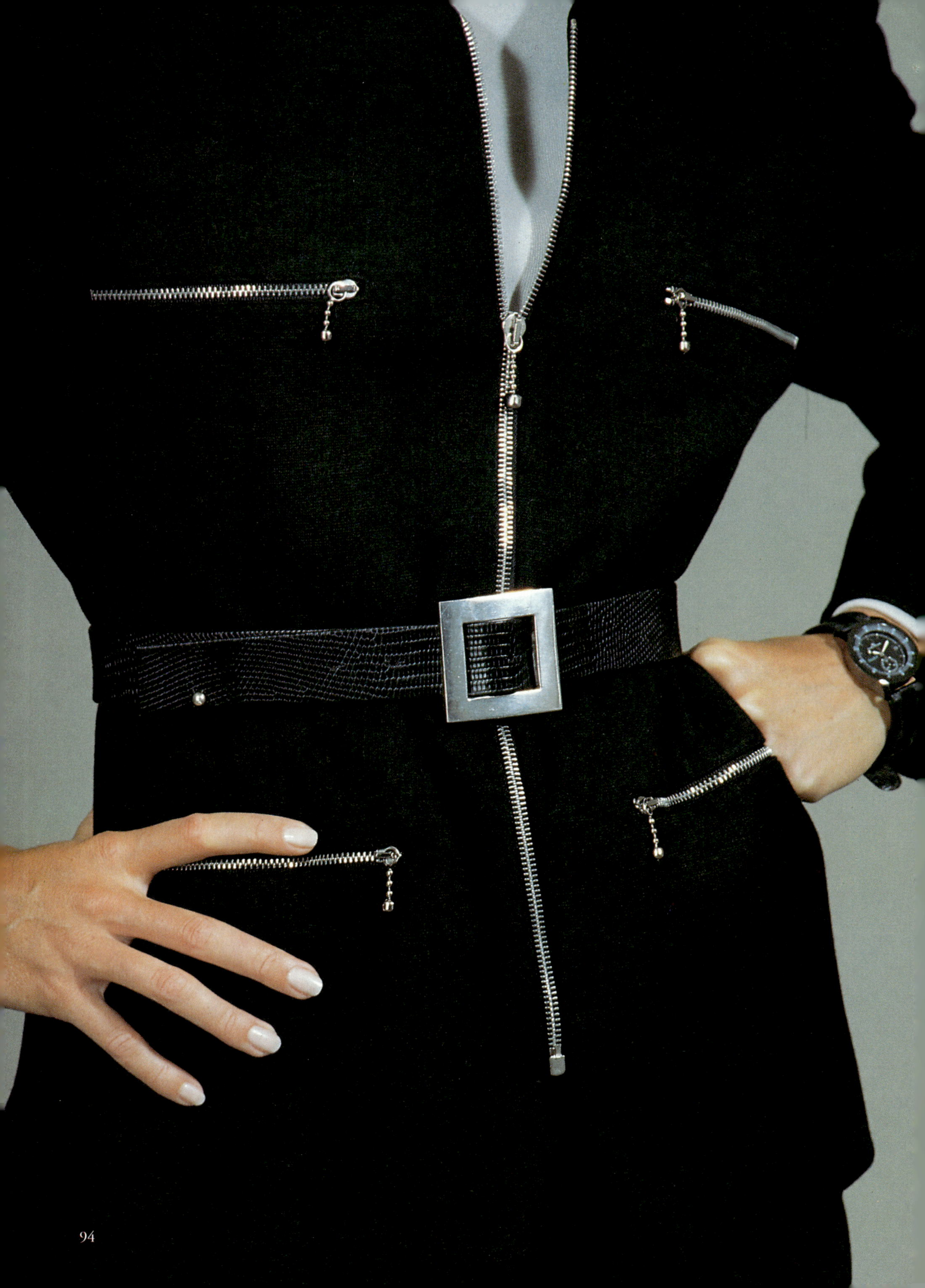

Sieht cool aus: Jacke mit Glanz

Blanke Reißverschlüsse, Nieten und schwere Metallschnallen passen gut zu dieser Jacke aus dickem schwarzem Jersey. Üppig wird's, wenn man noch Nieten rund um den Ausschnitt verteilt oder einen Gürtel aus dem gleichen Stoff damit bestückt. Hier sieht man sehr gut, wie vielseitig ein Schnitt sein kann: Dieses Modell wurde nach dem Schnitt der Bortenjacke von Seite 46 genäht.

Fein, aber nicht zu fein: Jacke mit Applikation

Paillettenborten und -sterne, Litzen, Ornamente und aufgebügelte Applikation – mit diesen Zutaten bekommen Jacketts einen abendlichen Touch. Diese Jacke aus grauem Wollsatin – genäht nach dem Schnitt der Schalkragenjacke von Seite 40 – ist ein gutes Beispiel dafür. Schmale schwarze Paspel vom Meter wurden beim Verstürzen des Schalkragens mitgefaßt, die Applikation ist einfach aufgebügelt.

Da guckt man hin: Abendjacke mit Borten

Handbreite, prächtige Borten an den Ärmeln – da könnten Sie glatt auf Schmuck verzichten, so edel sieht das aus. Auf unserem Foto liegt alte handgestickte Borte aus China neben preiswerter Meterware aus dem Kaufhaus. Stöbern Sie mal auf Antik- und Flohmärkten herum – da finden Sie oft schöne Borten. Die schlichte schwarze Kreppjacke wurde nach dem Schnitt für die sommerliche Leinenjacke auf Seite 50 genäht, allerdings ohne die schrägen Paspeltaschen.

FINANCIAL TIMES
DAIWA BANK
Noisy clash sets tone for French political season
Double indemnity from GRE
calls for punitive sanctions
Epitaphs
EEC heads for budgetary
Manila more hopef
over Marcos assets
Alberta grants C$400
aid to energy companie

Hosen

Sie haben zwei Hosenschnitte zur Auswahl. Klassisch: eine Bundfaltenhose mit mäßig weiten Beinen, Aufschlägen und schrägen Eingrifftaschen. Modisch: eine schmalgeschnittene Hose, die durch Abnäher die Figur mehr betont. Beide Hosen sehen in den verschiedensten Stoffen gut aus.

Die Anleitung für diese Hose steht auf den Seiten 103 bis 111.

Die klassische Bundfaltenhose

Ob aus grauem Flanell, Nadelstreifen, Glencheck, Leinen oder glattem Kammgarn: Hier ist der richtige Schnitt für eine klassische Hose. Sie hat ein Bündchen mit Gürtelschlaufen, die vorderen Fältchen sind nicht allzu tief eingelegt. Mit den schrägen Eingrifftaschen und mäßig weiten Hosenbeinen wird so eine Hose auch in vielen Jahren nicht unmodern. Mit einem Jackett aus dem gleichen Stoff wird's ein schicker Anzug (siehe Seite 57).

Schnittauflageplan

Fig. 23 Vorderteil
Fig. 24 Seitenteil
Fig. 25 Rückenteil
Fig. 26 Taschenklappe
a Hosenbündchen
b Gürtelschlaufen
Fig. 26 von Größe 38 nehmen

Gr. 38 —▪—▪—▪—▪
Gr. 40 ▬▬▬▬▬▬▬
Gr. 42 ══□══□══□

Stoffverbrauch

1,60 m Stoff, 140 cm breit; 30 x 40 cm Futterstoff; Vlieseline, Bundfix und Reißverschluß.

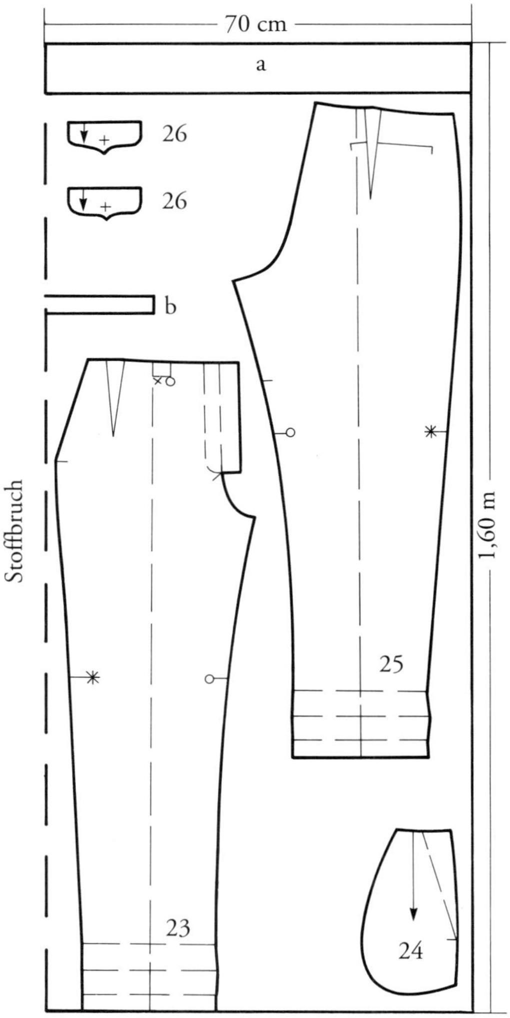

Die klassische Bundfaltenhose

Eine Hose zu nähen, ist gar nicht schwer. Wichtig ist die richtige Reihenfolge der einzelnen Arbeitsgänge. Und es gibt natürlich ein paar Tricks!

Das Zuschneiden: Kopieren Sie alle Schnitteile aus dem Schnittbogen heraus, und legen Sie sie nach dem Schnittauflageplan auf den Stoff. An den Seitennähten 2 cm zugeben (wenn Sie den Schnitt noch nicht ausprobiert haben, sicherheitshalber etwas mehr), an der Schrittnaht und der oberen Ansatzkante 1 cm. Die Taschenbeutel noch einmal aus Futterstoff zuschneiden, jedoch nur bis zur schrägen Linie des Taschenbeutelteils im Seitenteil. Alle Schnittteile markieren und einige wichtige Linien mit Heftfaden auf die rechte Stoffseite übertragen. **Zeichnung 1** zeigt, welche Linien das sind. Die schrägen Seitentaschen werden schon vor der ersten Anprobe fertiggenäht, weil sie am Sitz der Hose nichts ändern.

Das Nähen: Zur Verstärkung der Tascheneingriffe 2 cm breite Vlieselinestreifen auf die linke Stoffseite bügeln **(Zeichnung 2)**. Den Taschenbeutel aus Taft rechts auf rechts auf den Tascheneingriff stecken und feststeppen **(Zeichnung 3)**. Den Taschenbeutel nach innen wenden und die verstürzte Naht knappkantig absteppen. Nun das Taschenteil unter den Tascheneingriff schieben (Tascheneingriff auf die markierte Anstoßlinie) und feststecken **(Zeichnung 4)**. Die runden Taschenbeutelkanten zusammensteppen und versäubern **(Zeichnung 5)**. Die oberen Kanten der Taschenbeutel werden beim Bündchenannähen mitgefaßt, die seitlichen Kanten beim Steppen der Seitennähte geschlossen. Jetzt die inneren Nahtzugaben der rückwärtigen Hosenteile dehnen: mit dem Bügeleisen und viel Dampf die Schnittkanten leicht auseinanderziehen. Das ist einer der Tricks und sehr wichtig für den guten Sitz einer Hose! Nun alle Abnäher, die Fältchen und die inneren und äußeren Hosenbeinnähte schließen (Querzeichen beachten). Achtung: Jeweils ein vorderes und ein rückwärtiges Hosenteil zusammensteppen! Die inneren Hosenbeinnähte können Sie gleich steppen, die äußeren Nähte sollten Sie für die erste Anprobe lieber erst heften. Nun auch die Schrittnähte heften und die Hose anprobieren. In der oberen Ansatzkante Fältchen legen (x auf o) und einen Bündchenstreifen anstecken. Für die Anprobe einer Hose ist es wichtig, die Nähte – ob geheftet oder schon fertig genäht – schon einmal leicht zu bügeln; auch wenn man später wieder trennen und ausbügeln muß.

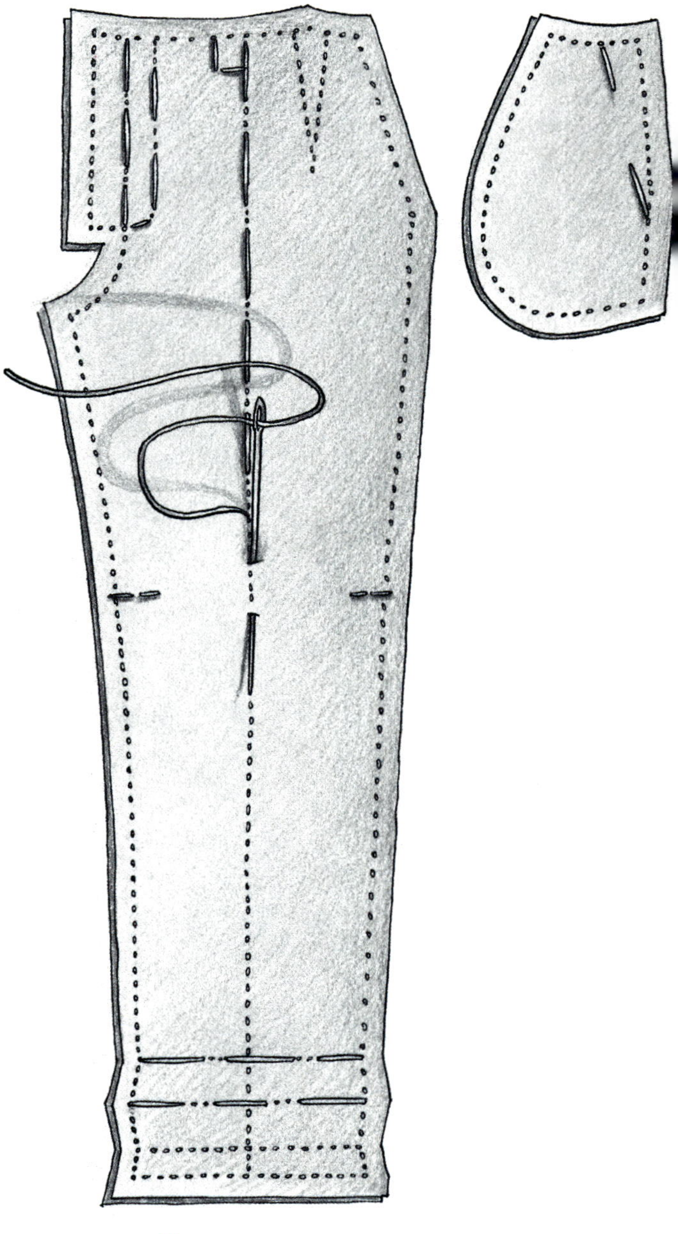

1

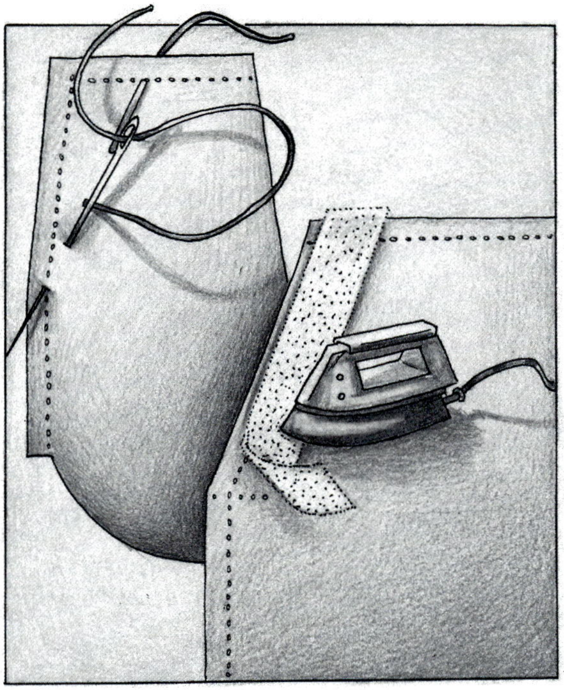

2

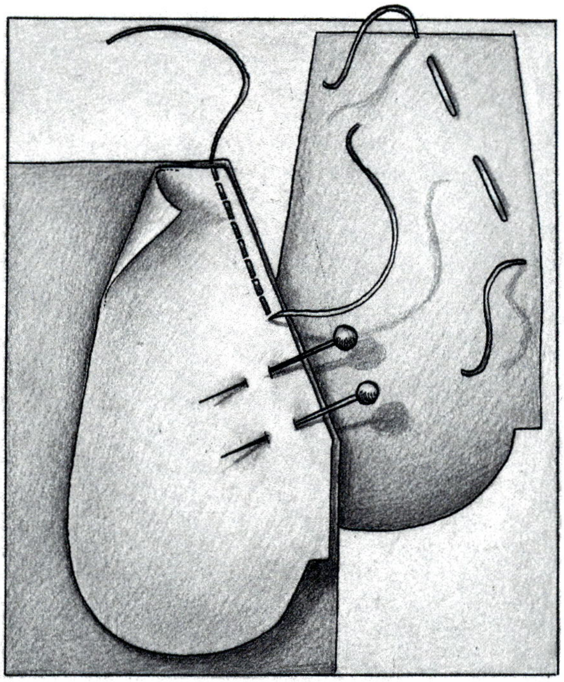

3

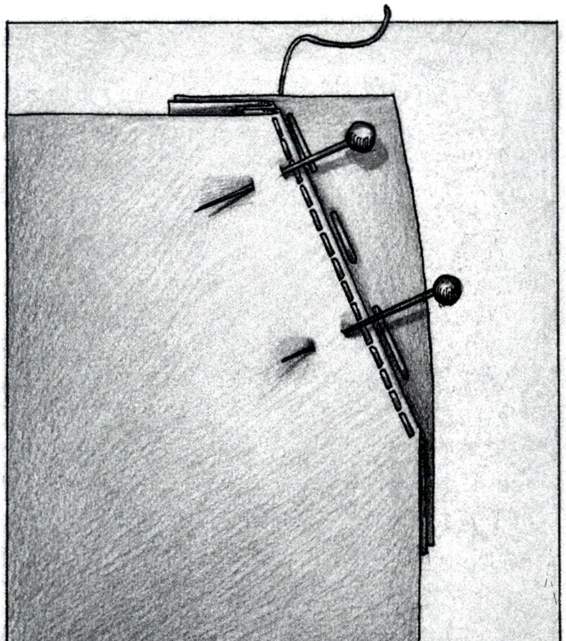

4

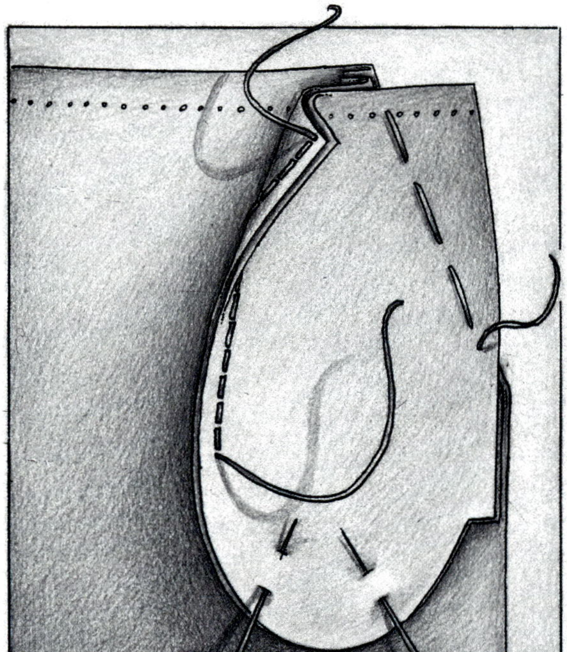

5

1

Nach der Anprobe alle gehefteten Nähte wieder auftrennen, ausbügeln und die äußeren Hosenbeinnähte endgültig schließen. Die beiden fertigen Hosenteile (rechte Stoffseite außen) aufs Bügelbrett legen und die vordere Bügelfalte genau in der Markierung einbügeln **(Zeichnung 1)**. Die rückwärtige Bügelfalte legt sich dabei von selbst in den Stoffbruch, sie braucht daher nicht extra markiert, sondern nur noch gebügelt zu werden. Jetzt die Schrittnaht schließen (dabei vorn 18 cm für den Reißverschluß offenlassen) und damit die beiden Hosenteile verbinden. Die kleine Gesäßtasche (sie ist auf dem Foto auf Seite 113 zu sehen) hat keine Funktion, braucht also keinen Taschenbeutel. Sie müssen nur eine Klappe verstürzen **(Zeichnung 2)**. Die fertige Klappe auf die Markierungslinie legen und so feststeppen, daß die Klappe nach oben zeigt **(Zeichnung 3)**. Die Klappe umlegen und knappkantig feststeppen **(Zeichnung 4)**. Mit einem Knopf an der Hose befestigen.

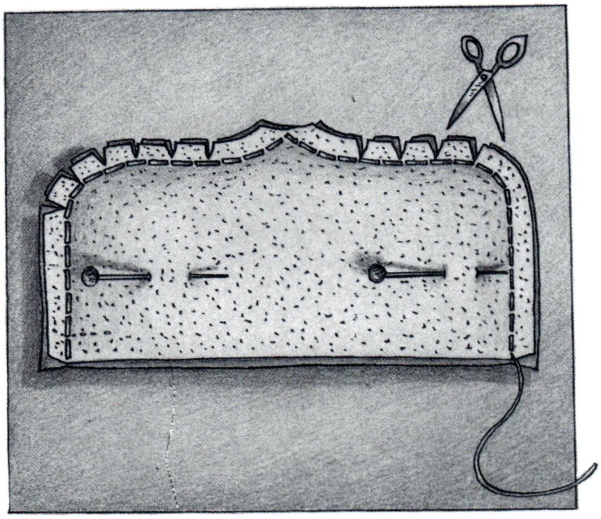

2

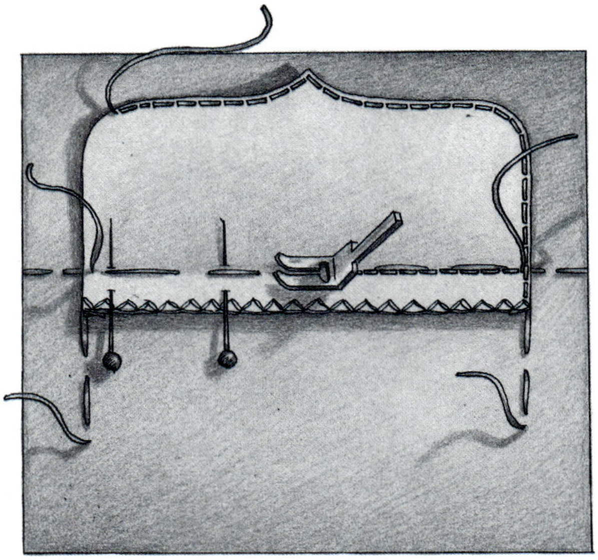

3

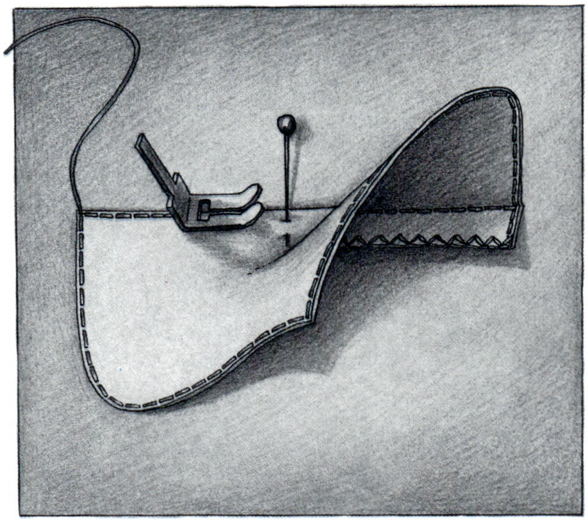

4

Nun den Reißverschluß verdeckt einnähen: Wie das geht, wird auf Seite 72/73 genau beschrieben. Hier noch ein Tip, falls Ihre Haut allergisch auf Metall reagiert: Legen Sie am Untertritt einen zusammengefalteten Stoffstreifen unter den Reißverschluß, und steppen Sie ihn fest **(Zeichnung 1)**. Bevor Sie das Bündchen annähen, fünf Gürtelschlaufen (ca. 6 cm lang) arbeiten. Auf die rückwärtige Mittelnaht, ca. 10 cm von den Seitennähten entfernt und an den Bundfalten anstecken **(Zeichnung 2)**. Später mit dem Bündchen feststeppen.

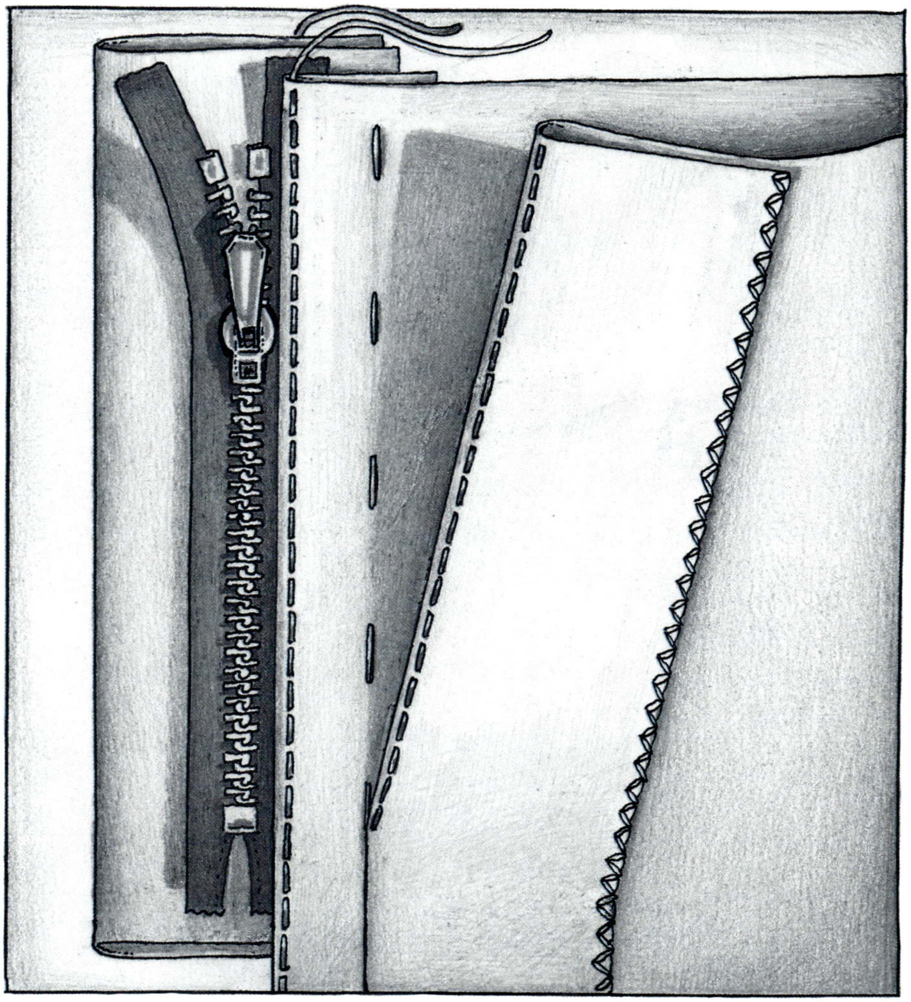

1

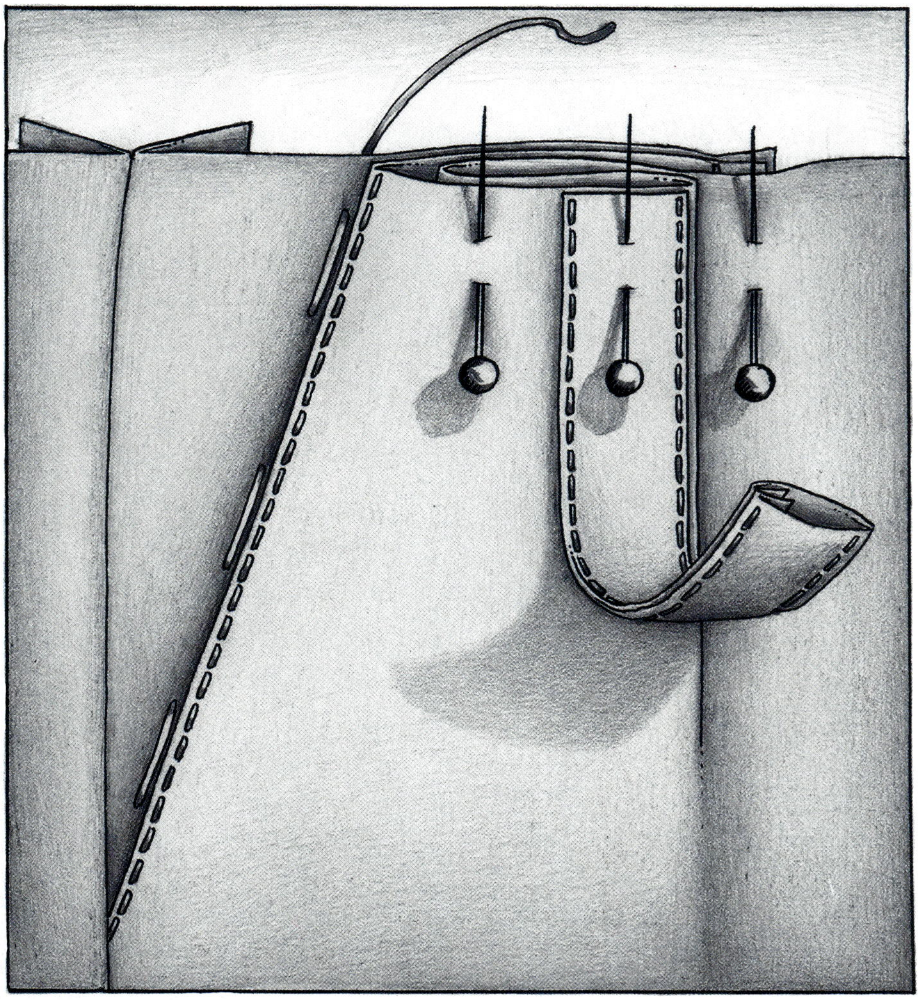

2

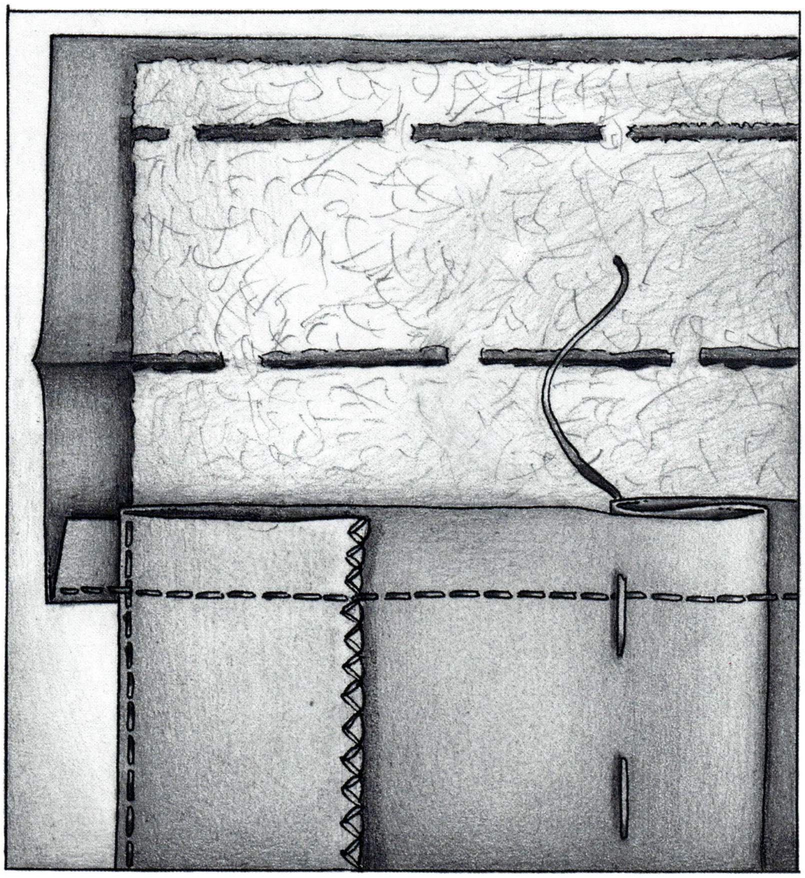

Bündchen annähen: Bundfixeinlage auf den Bündchenstreifen bügeln und in der mittleren Stanzlinie umkippen **(Zeichnung 3)**. Das Bündchen in der unteren Stanzlinie an die Hose steppen. Die Nahtzugaben an den vorderen Bündchenkanten nach innen kippen. Den Bündchenstreifen umlegen und gegen die Stepplinie säumen **(Zeichnung 4)**.

3

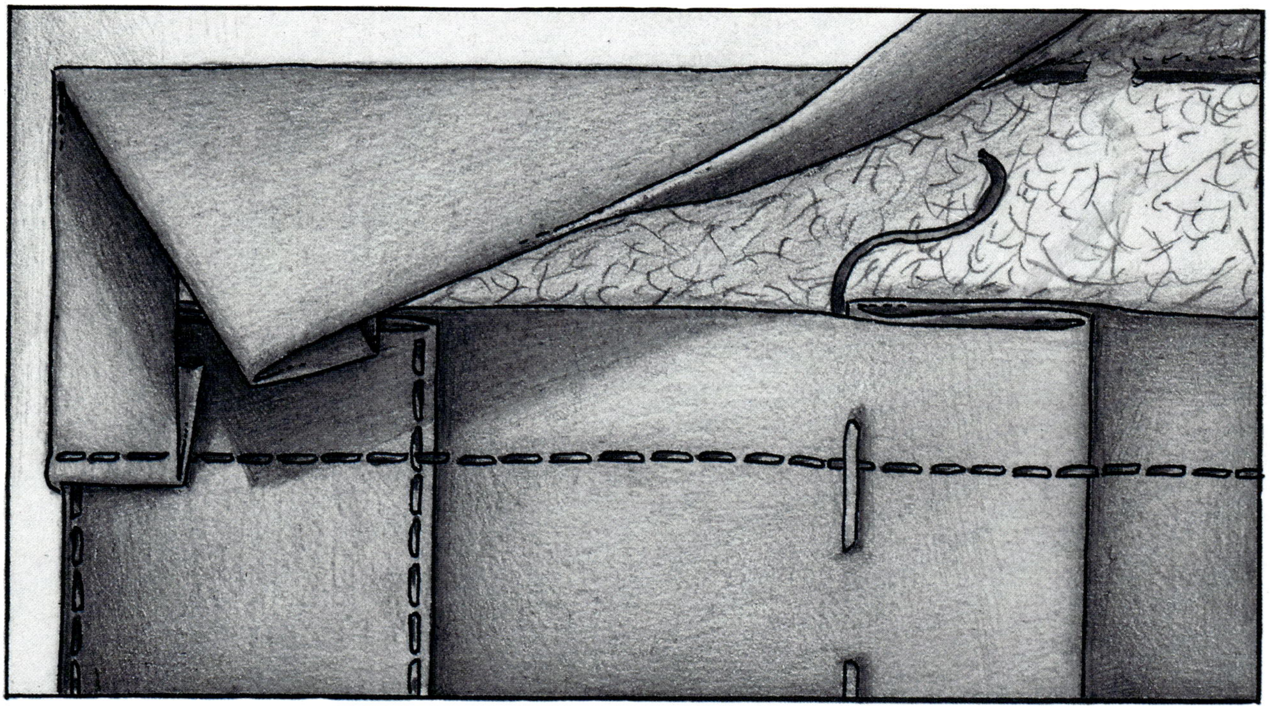

4

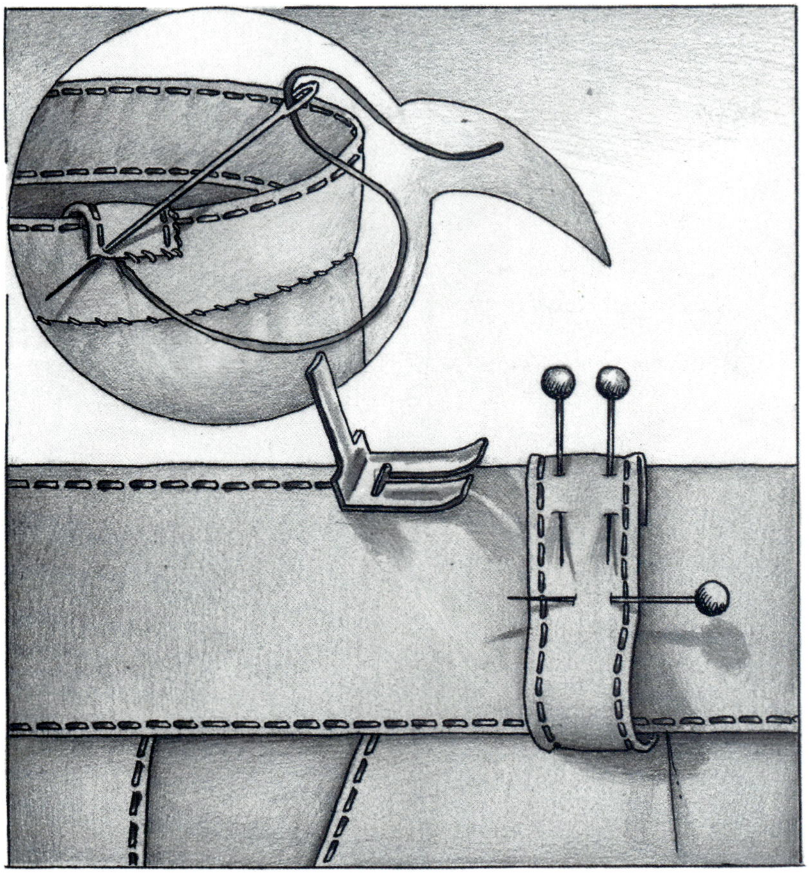

Das Bündchen von rechts knapp absteppen und die Gürtelschlaufen an der oberen Kante befestigen, wie es **Zeichnung 5** zeigt. Für die Aufschläge an den Hosenbeinen 7 cm breite Säume umlegen (sind auf dem Schnitt mit eingezeichnet), scharf bügeln, danach die Hosenbeinlänge bügeln, dann die Aufschläge festnähen **(Zeichnung 6)**.

5

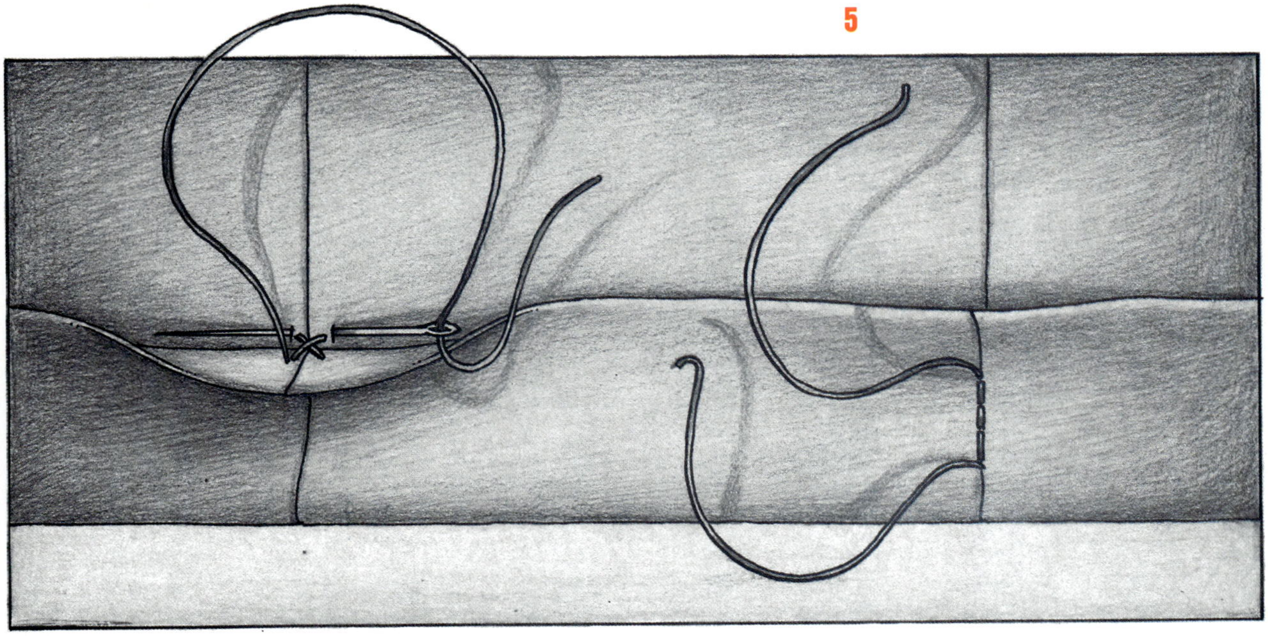

6

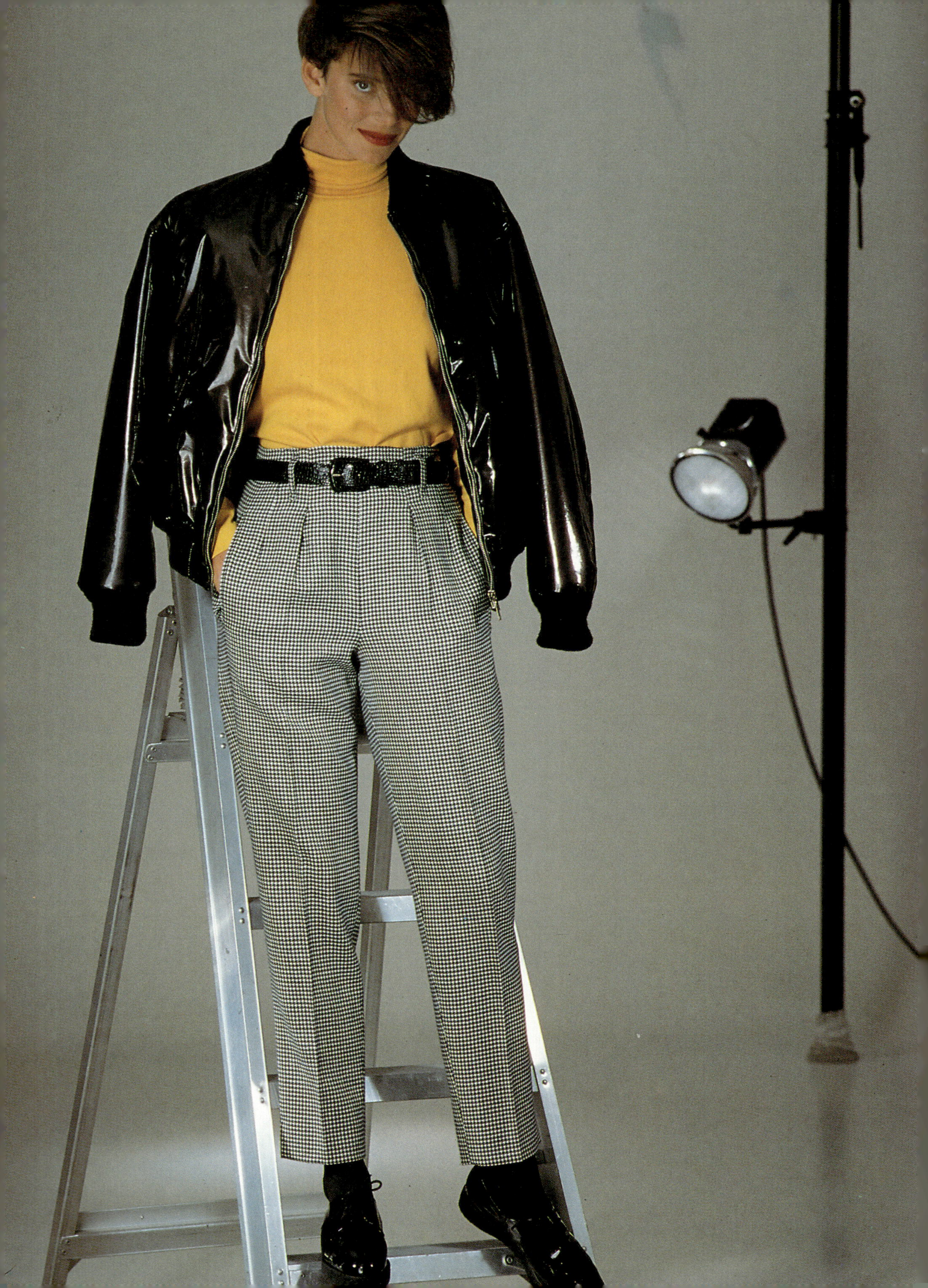

Schmale Hose

So eine enge Hose ist schnell genäht, denn das Bündchen wurde gleich angeschnitten. Sie hat Abnäher, schmale, eingelegte Fältchen und seitlich Paspeltaschen. Von Samt bis zum sommerlichen Blumenstoff – diese Hose sieht in fast allen Stoffen modisch aus. Falls Sie's noch figurbetonter mögen: Man kann die Hosenbeine auch etwas enger nähen, darunter leidet der Sitz nicht! Faustregel: Eine Hose muß am unteren Saum mindestens 30 cm weit sein, damit der Fuß noch durchpaßt.

Schnittauflageplan

Fig. 27 Vorderteil
Fig. 28 Rückenteil
Fig. 29 vorderer Beleg
Fig. 30 rückwärtiger Beleg
Fig. 41 Taschenbeutel
a Paspelstreifen
b Gürtelschlaufen

Gr. 38
Gr. 40
Gr. 42

Stoffverbrauch

1,50 m Stoff, 140 cm breit; Vlieseline und Reißverschluß.

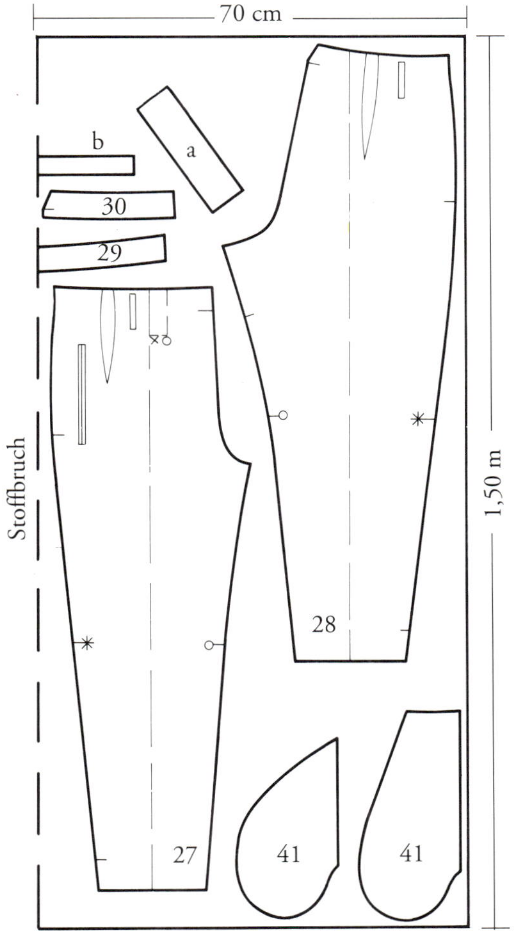

Hier die Rückenansicht der schmalen Hose und der Bundfaltenhose von Seite 102.

Schmale Hose

Hier ist das Bündchen gleich angeschnitten. Daher macht die schmale Hose weniger Arbeit als die Bundfaltenhose. Auch hier ist es wichtig, beim Nähen eine bestimmte Reihenfolge einzuhalten – wie bei der Bundfaltenhose. Hinten hat die Hose eine kleine Spitze mit einem Riegel (Foto Seite 113), den man aber nur drannähen sollte, wenn man die Hose ohne Gürtel tragen will.

Das Zuschneiden: Kopieren Sie alle Schnitteile aus dem Schnittbogen heraus, und schneiden Sie die Hose mit den entsprechenden Nahtzugaben zu (für den Saum 6 cm). Die Schnitteile markieren, die Linien für die Tascheneingriffe und die Länge der Hosenbeine mit Heftfaden auf die rechte Stoffseite übertragen. Vier Taschenbeutel zuschneiden, bei dickeren Stoffen die kleineren davon aus Futterstoff, außerdem zwei Schrägstreifen für die Paspeltaschen (21 x 6 cm).

Das Nähen: Noch vor der ersten Anprobe die Hosentaschen einarbeiten: Das geht, weil sie am Sitz der Hose nichts ändern. Sie können diese Taschen auf die neue Art mit einer Schablone arbeiten; diese Methode wird auf Seite 36/37 beschrieben. Oder Sie nähen die Paspeltaschen auf herkömmliche Weise: Bügeln Sie von links Vlieselinestreifen auf die Taschenmarkierungen **(Zeichnung 1)**. Schrägstreifen rechts auf rechts auf die Markierung heften. Auf der Vlieseline eine Art „Riesenknopfloch" – 17 x 1 cm – einzeichnen. In der Markierungslinie steppen, einschneiden, an den Seiten schräg **(Zeichnung 2)**. Den Stoff durch den Schlitz auf die linke Stoffseite ziehen und auf der rechten Stoffseite zwei schmale Paspeln (0,5 cm) legen. Die Paspeln mit Hinterstich befestigen und dann noch einmal ganz knapp neben der Ansatzlinie absteppen **(Zeichnungen 3 und 4)**. Von links Taschenbeutel so an die Paspelschrägstreifen steppen, wie es **Zeichnung 5** zeigt. Die Taschenbeutel an der oberen Hosenkante anstecken oder heften und beim späteren Annähen des „Formstreifens" gleich mitfassen. Nun die inneren Nähte der rückwärtigen Hosenteile „dehnen", das heißt, mit dem Dampfbügeleisen leicht auseinanderziehen. Je ein vorderes und ein rückwärtiges Hosenteil an den inneren Hosenbeinen miteinander verbinden, dabei unbedingt die Querzeichen beachten. Vorsicht, nicht die Hosenbeine vertauschen! Die seitlichen (äußeren) Hosenbeinnähte zur Anprobe erst einmal heften, falls Sie den Schnitt noch nicht ausprobiert haben. Die Schrittnähte ebenfalls heften. Alle Nähte für die Anprobe leicht bügeln. Nach der Anprobe zunächst nur die Seitennähte schließen – die Schrittnaht noch nicht! Abnäher und Fältchen ebenfalls schließen. Die beiden einzelnen Hosenbeine aufs Bügelbrett legen und die vordere Bügelfalte in der Markierungslinie einbügeln (Zeichnung 1, Seite 106); die hintere Bügelfalte ergibt sich dabei von selbst.

Jetzt erst die Schrittnaht schließen und dadurch das vordere mit dem rückwärtigen Hosenteil verbinden. Die Belegnähte nähen und an der oberen Kante rechts auf rechts den Beleg (einen „Formstreifen") legen und feststeppen. Hinten eine Spitze steppen. Den Formstreifen nach innen kippen und die obere Kante knapp absteppen. Den Formstreifen unten einkippen und 4 cm von der oberen Hosenkante entfernt feststeppen, dabei die Taschenbeutel mitfassen. In der Seitennaht einen Reißverschluß mit der Hand oder mit der Maschine einnähen (siehe Seite 67). Er reicht hier genau bis zur oberen Kante der Hose. Vier Gürtelschlaufen annähen: vorn zwischen Abnähern und Fältchen, hinten etwa 7 cm neben den Seitennähten. Für die kleinen Riegel einen etwa 15 x 8 cm langen Stoffstreifen zuschneiden, verstürzen und absteppen. Beide Riegel auf die Hose steppen und eine kleine Hosenschnalle befestigen. Die Schlitze in den Hosenbeinen so mit dem Saum verstürzen, wie es **Zeichnung 6** zeigt, dann den Saum annähen.

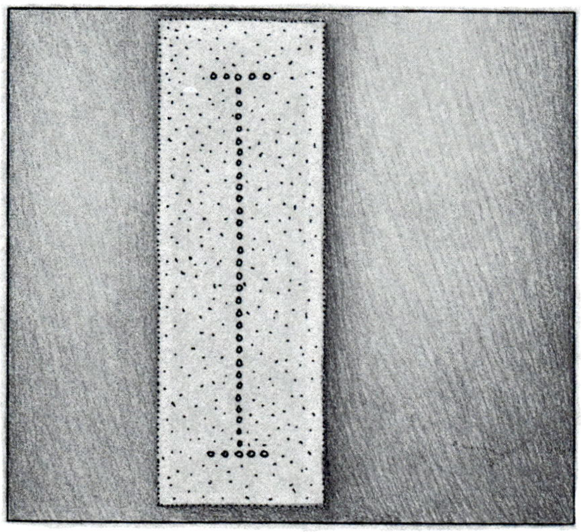

1

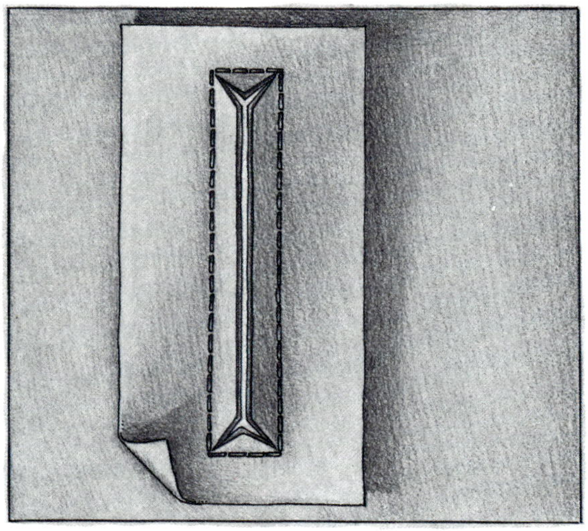

2

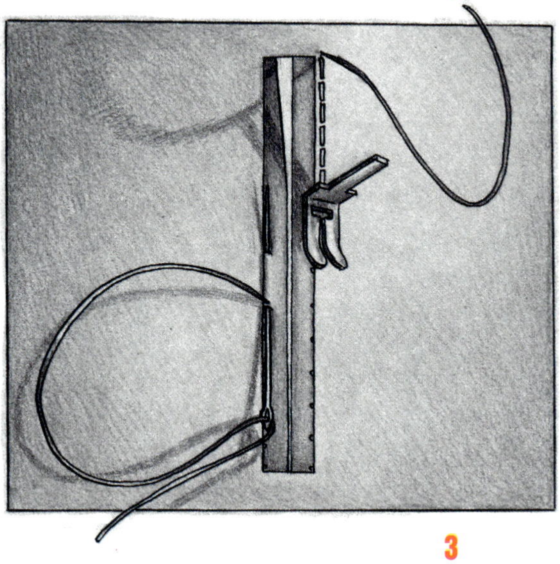

3

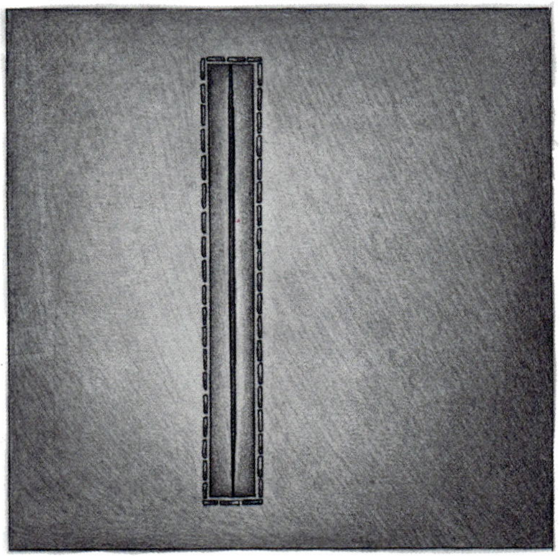

4

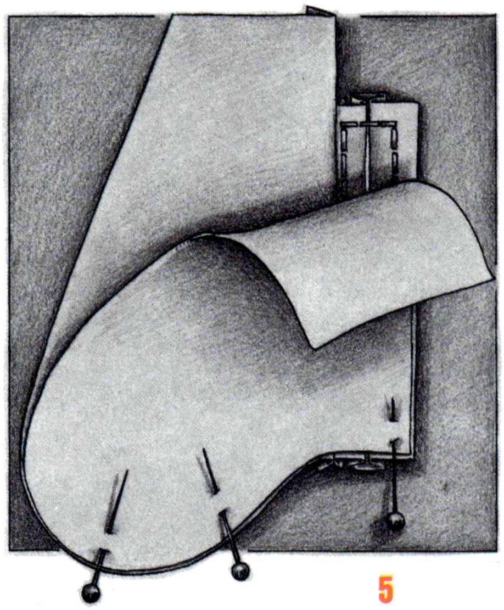

5

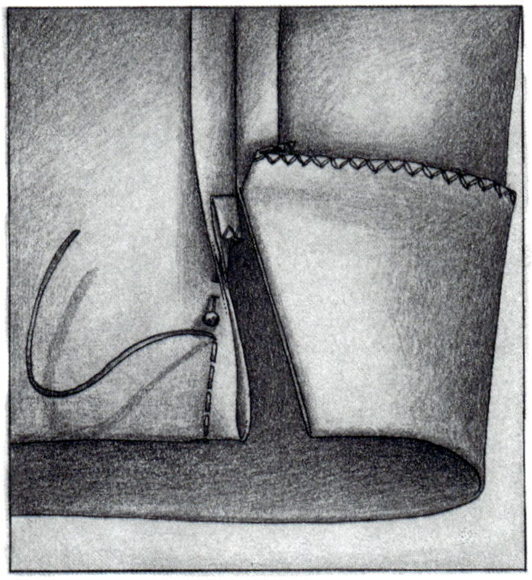

6

Die Anleitung für diese Jacke finden Sie auf Seite 122.

Jacken für draußen

Diese Jacken ersetzen schon mal einen Mantel, denn sie sind so locker und geräumig geschnitten, daß auch ein dicker Pulli drunterpaßt. Auch hier werden alle Modelle nach demselben Grundschnitt genäht. Die Variationen entstehen durch Stoffe und ganz unterschiedliche Details.

Schnittauflagepläne und Arbeitsanleitungen
für beide Jacken auf Seite 122/123.

Für Sommer und Winter die gleiche Form

Der Schnitt für diese beiden Modelle hat immer Saison: links eine Jacke aus weichem Fischgrat-Tweed für Herbst und Winter, oben eine sommerliche Leinenjacke vom Typ etwas zu groß geratenes Männerjackett. (Der Stoff ist vorher gewaschen!) Beide haben exakt denselben Schnitt, und der ist ganz simpel: keine Abnäher, keine Teilungsnähte, aufgesetzte Taschen und nur im Rücken eine Naht.

Grundschnitt mit Variationen

An diesen Jacken ist mehr „dran" als an den schlichten Modellen von den vorigen Seiten. Daß auch sie fast den gleichen Schnitt haben, ist kaum noch zu erkennen. Ihr einziger Unterschied: eine spitz zulaufende Rükkenpasse. Die Jacke rechts ist aus rostrotem Shetland und wirkt ausgesprochen sportlich. Ein sehr modisches Stück ist die Jacke links: Der lässige Schnitt paßt gut zu der Kombination von grauem Stichelhaar-Tweed und schwarzem Leder.

Schnittauflagepläne und Arbeitsanleitungen
auf Seite 124 bis 126.

Alle vier Jacken werden im Prinzip so gearbeitet, wie das von Seite 18 bis 33 beschriebene Grundmodell „Jackett". Sehen Sie sich diese Arbeitsabläufe also genau an, ehe Sie mit dem Nähen einer der folgenden Jacken beginnen. Die Verarbeitung ist hier sogar etwas einfacher, weil es bei diesen Jacken keine Abnäher und keine Teilungsnähte gibt.

Wichtig: Dicke oder flauschige Stoffe unbedingt vor dem Zuschneiden mit einem feuchten Tuch oder viel Dampf bügeln, sie laufen sonst bei der Verarbeitung ein.

Winterjacke aus Tweed

(Foto Seite 118)

Die Schnitteile aus dem Bogen herauskopieren, den Schnitt für die Vorderteilbelege zusätzlich herauskopieren. Alles nach dem Schnittauflageplan zuschneiden. Vlieseline so breit wie die Belege zuschneiden. Einlage auf die Vorderteile, den Unterkragen und die Taschen bügeln, alle Schnittlinien markieren. Rückennaht, Seitennähte, Schulter- und Ärmelnähte heften oder nähen. Den Kragen anheften, die Ärmel einheften, die Taschen aufstecken und die Jacke anprobieren. Nun alle Nähte steppen, die Belege annähen, den Kragen verstürzen und annähen. Die Ärmel einnähen. Die Taschen nach einer der auf Seite 48 beschriebenen Methoden nähen, dann 1,5 cm von den Kanten entfernt aufsteppen. Das Futter arbeiten und mit der Hand einstaffieren. Zum Schluß alle Kanten der Jacke 1,5 cm breit absteppen. Wenn Sie im Nähen wenig geübt sind, ist es besser, die Stepplinie mit einem Heftfaden zu markieren. Bei dicken Stoffen ist das Absteppen nämlich nicht ganz einfach: Flauschiger Stoff verschiebt sich leicht, und eine nicht ganz akkurate Stepplinie sieht dann allzu „selbstgenäht" aus. Beginnen Sie mit dem Absteppen an der rückwärtigen Mittelnaht, und steppen Sie rundherum alles, auch den Kragen. Knopflöcher einschlagen.

Schnittauflageplan

Fig. 31 Vorderteil
Fig. 32 Rückenteil
Fig. 33 Oberärmel
Fig. 34 Unterärmel
Fig. 35 Kragen
Fig. 36 Tasche
a Beleg (Fig. 31)
Fig. 36 von Größe 38 nehmen

Gr. 38 —★—★—★—★
Gr. 40 ===============
Gr. 42 ▬▬▬▬▬▬

Stoffverbrauch

2 m Stoff, 140 cm breit; 1,50 m Futterstoff, 140 cm breit; 1 m Vlieseline H 180, 60 cm breit; Knöpfe und Schulterpolster.

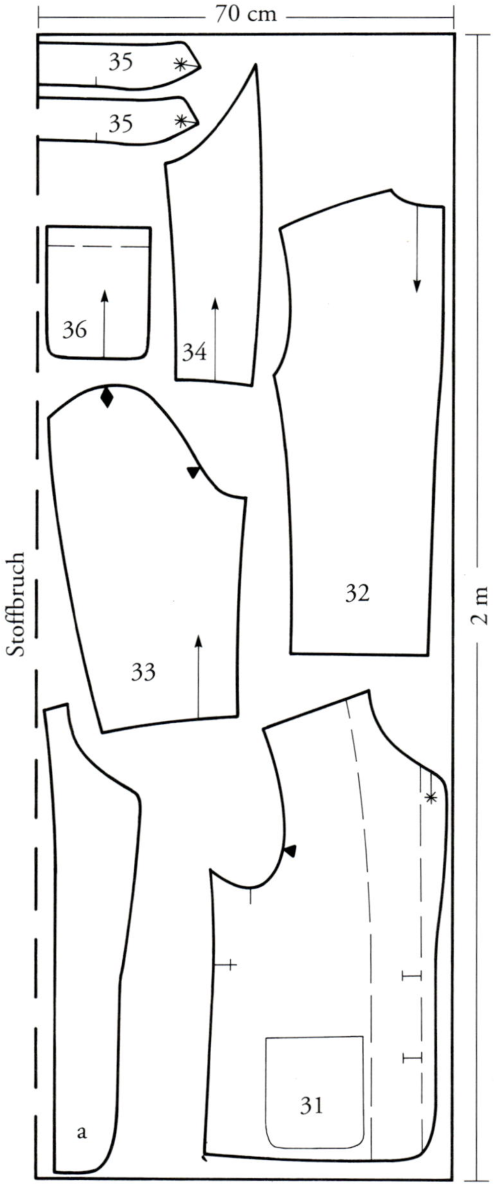

Ungefütterte Sommerjacke

(Foto Seite 119)

Diese Jacke ist besonders einfach zu nähen. Die Belege für die Vorderteile sind nämlich genauso breit wie die Vorderteile selbst, der Rest wird nicht gefüttert. Legen sie die Schnitteile – wie auf dem Schnittauflageplan angegeben – auf den Stoff, und schneiden Sie folgende Teile in doppelter Stofflage zu: die Vorderteile, die Rückenteile, die breiten Belege, die Unterärmel und den Kragen. Nachdem Sie diese Teile zugeschnitten haben, klappen Sie den Stoff auseinander und schneiden die restlichen Teile einzeln zu. So gibt's keinen unnötigen Stoffverbrauch. Nun auf die Vorderteile, den Unterkragen und die Taschen Einlage aufbügeln, alle Schnittlinien markieren und die Jacke zusammenheften oder -nähen, im Prinzip genauso wie die Winterjacke aus Shetland. Die aufgesetzten Taschen nach einer der auf Seite 48 beschriebenen Methoden arbeiten. In jedem Fall die fertigen Taschen zuerst knappkantig aufsteppen, dann die breiten Belege ansteppen. Den Kragen verstürzen und annähen, die Ärmel einnähen. Ob Sie Schulterpolster einarbeiten, ist Geschmackssache. Wenn nicht, hängen die Ärmel lässig herunter, was gut zum Stil dieser Jacke paßt. Alle sichtbaren Nahtzugaben schön schmal und regelmäßig abschneiden und versäubern. Die breiten Vorderteilbelege seitlich knappkantig einschlagen und innen an den Seitennähten mit der Hand befestigen. Knopflöcher einschlagen.

Schnittauflageplan

Fig. 31 Vorderteil
Fig. 32 Rückenteil
Fig. 33 Oberärmel
Fig. 34 Unterärmel
Fig. 35 Kragen
Fig. 36 Taschen
a Beleg (Fig. 31)
Fig. 36 von Größe 38 nehmen

Gr. 38
Gr. 40
Gr. 42

Stoffverbrauch

2,30 m Stoff, 140 cm breit; 1,70 m Vlieseline H 180, 60 cm breit; Knöpfe.

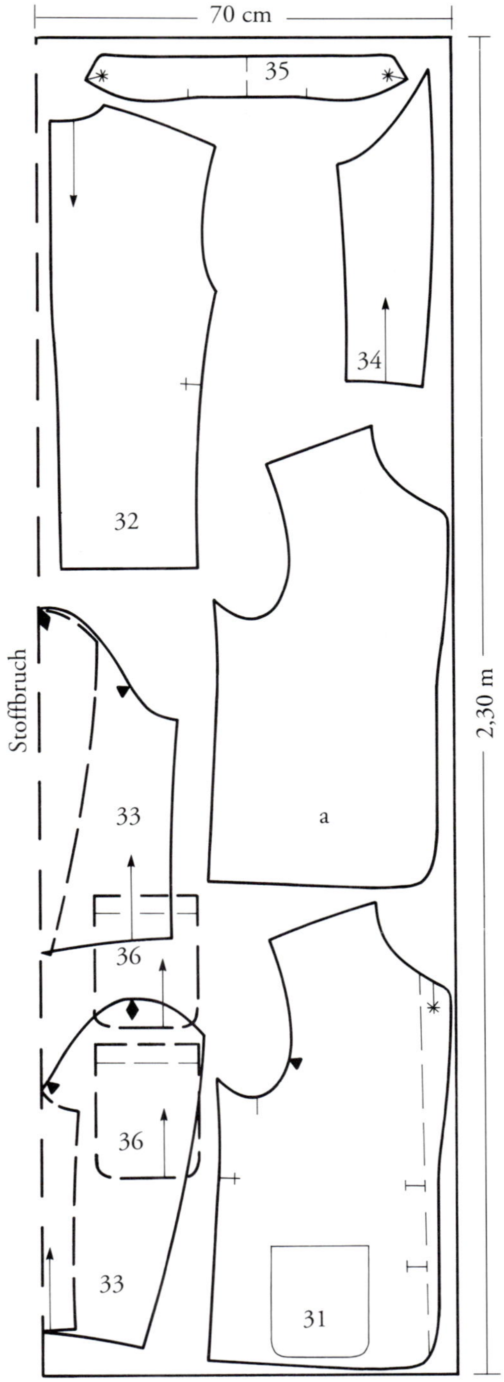

Jacke mit aufgesetzten Taschen

(Foto Seite 121)

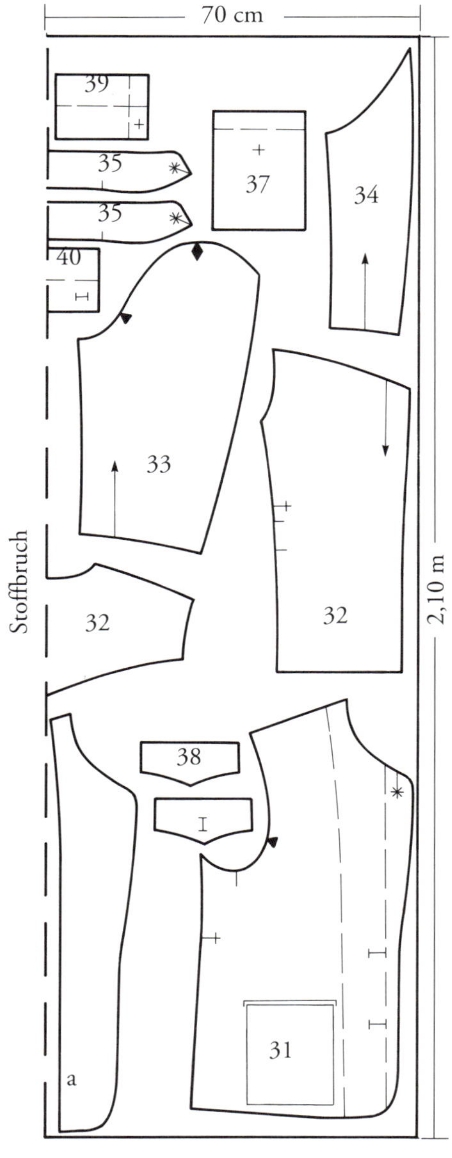

Schnittauflageplan

Fig. 31 Vorderteil
Fig. 32 Rückenteil
Fig. 33 Oberärmel
Fig. 34 Unterärmel
Fig. 35 Kragen
Fig. 37 Tasche
Fig. 38 Taschenklappe
Fig. 39 seitlicher Riegel
Fig. 40 mittlerer Riegel
a Beleg (Fig. 31)
Fig. 37 und 38 von Größe 38 nehmen

Gr. 38
Gr. 40
Gr. 42

Stoffverbrauch

2,10 m Stoff, 140 cm breit; 1,50 m Futterstoff, 140 cm breit; 1,20 m Vlieseline H 180, 60 cm breit; Knöpfe und Schulterpolster.

Für diese Jacke brauchen Sie etwas Übung. Die vielen abgesteppten Kanten und Nähte fallen sehr ins Auge, erfordern daher beim Nähen ein besonders gutes Augenmaß. Alle Teile nach dem Schnittauflageplan auf den Stoff legen und zuschneiden. Vlieseline so breit wie die Belege zuschneiden. Einlage auf die Vorderteile, den Unterkragen und die Taschen bügeln, erst dann alle Schnittlinien markieren. Die rückwärtige Naht schließen. Schon vor der ersten Anprobe die spitz zulaufende Passe ansteppen und am besten auch gleich absteppen: 1,5 cm von der Kante entfernt, zweimal dicht nebeneinander (Knopflochseide verwenden). Nun Schulter-, Seiten- und Ärmelnähte heften oder gleich steppen, Kragen und Ärmel einheften und die Jacke anprobieren. Bevor Sie die Seitennähte endgültig steppen, müssen Sie die Rückenriegel arbeiten, weil Sie beim Schließen der Seitennähte mitgefaßt werden. Vlieseline auf die Riegel bügeln, die Knopflöcher auf dem Mittelteil markieren. Beim Verstürzen dieses Mittelteils ein Stück Naht offenlassen, damit Sie den Stoff hier durchziehen und später nach rechts wenden können **(Zeichnung 1)**. Nach dem Wenden das offene Stück Naht mit Handstichen schließen **(Zeichnung 2)**. Die Riegel in 1,5 cm Abstand vom Rand zweimal dicht nebeneinander absteppen **(Zeichnung 3)**. Die Riegelseitenteile ebenfalls verstürzen und absteppen, dabei jeweils ein kurzes Ende offenlassen. Jetzt die Seitennähte der Jacke steppen, dabei die Riegelteile mitfassen; das mittlere Riegelteil aufknöpfen. Der Riegel muß locker hängen (siehe kleines Foto), er darf die Jacke nicht zusammenziehen.

Die Klappentaschen: Die zugeschnittenen Taschenteile mit Futtertaft verstürzen und die fertigen Taschen auf die Jackenvorderteile steppen. Auf die „Klappen" Vlieseline aufbügeln und Knopflöcher markieren. Die Klappen mit Taftfutter verstürzen, die Nahtzugaben vor dem Wenden einschneiden **(Zeichnung 4)**. Die fertigen Klappen ebenfalls doppelt absteppen und nach oben zeigend auf die Jackenvorderteile steppen. Die Klappen herunterbügeln und knappkantig aufsteppen **(Zeichnung 5)**. Nun die Jacke (wie beim Grundmodell „Jackett" auf Seite 18 bis 33 beschrieben) fertignähen: Schulter- und Ärmelnähte steppen, die Belege annähen, den Kragen doppeln und annähen, das Futter arbeiten und die Ärmel einnähen. Alle Säume umbügeln und festnähen und die Jacke rundherum in 1,5 cm Abstand von den Kanten dicht nebeneinander zweimal absteppen – beginnend an der rückwärtigen Mittelnaht. Das Futter mit der Hand einnähen und Knopflöcher einschlagen.

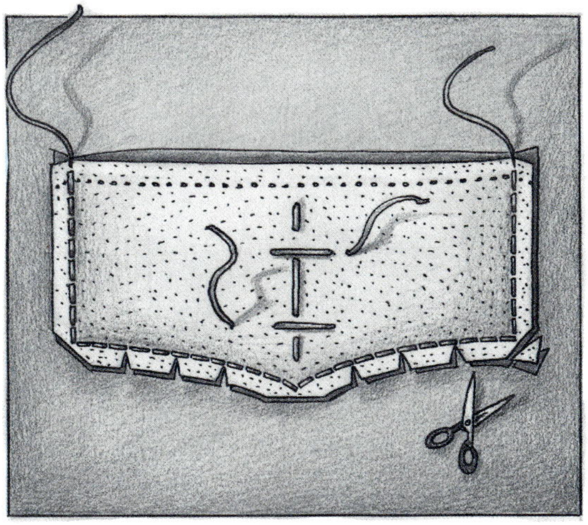

4

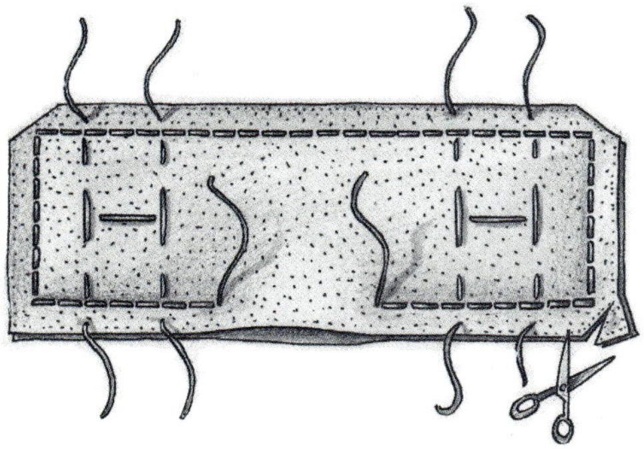

1

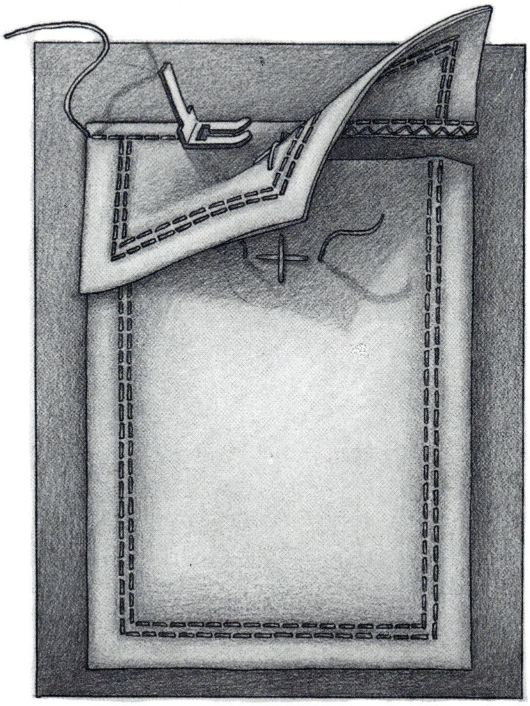

5

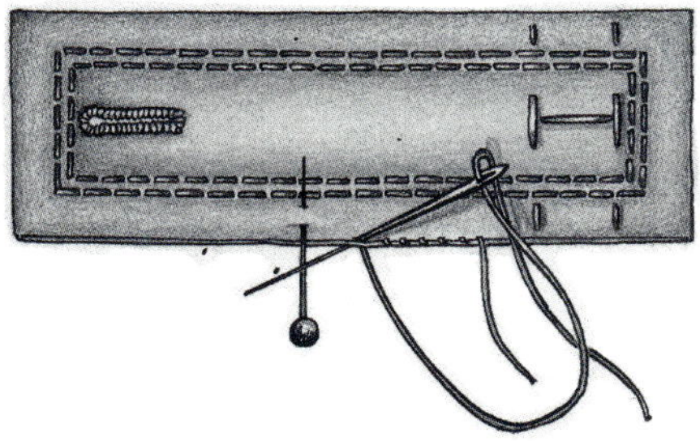

2

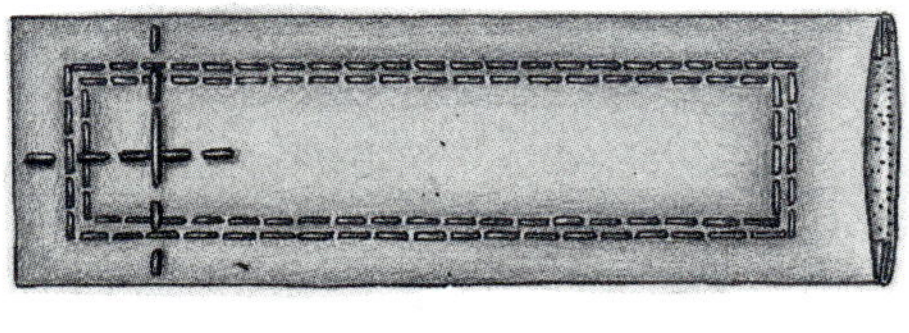

3

Jacke mit Lederpasse

(Foto Seite 120)

Auch hier gilt wieder: die Beschreibung für das Grundmodell „Jackett" (Seite 18 bis 33) durchlesen und im Prinzip danach arbeiten. Die Passe und der Unterkragen dieser Jacke sind aus Leder: Probieren Sie vorher aus, ob Ihre Maschine Leder problemlos näht. Wenn nicht, besorgen Sie sich im Fachhandel ein mit Teflon beschichtetes Spezialnähfüßchen, damit geht's. Natürlich können Sie die Passe dieser Jacke auch aus dem Jackenstoff nähen. Alle Schnitteile aus dem Schnittbogen herauskopieren, die Schnitteile für die Belege noch einmal extra kopieren. Alles nach dem Schnittauflageplan zuschneiden. Die rückwärtige Mittelnaht schließen und die Lederpasse schon feststeppen, da sie am Sitz der Jacke nichts ändert. Vlieseline in Belegbreite zuschneiden und aufbügeln. Auf den Unterkragen aus Leder Vlieseline aufbügeln, erst dann die Schnitteile markieren. Die Jacke zur ersten Anprobe fertigmachen. Danach in die Vorderteile Paspeltaschen einarbeiten. Es gibt zwei Möglichkeiten, sie zu nähen. Sie stehen auf Seite 36 und auf Seite 52/53. Zum Schluß an den Paspelenden kleine Lederdreiecke aufsteppen. Falls Ihnen die Paspeltaschen in dickem Stoff zu kompliziert sind, arbeiten Sie einfach aufgesetzte Taschen, wie auf Seite 48/49 beschrieben, die sind weniger aufwendig. Anschließend Schulter-, Seiten- und Ärmelnähte steppen, die Belege annähen, den Kragen verstürzen und annähen, die Ärmel einnähen, das Futter fertigmachen und einstaffieren. Knopflöcher einschlagen.

Schnittauflageplan

Fig. 31 Vorderteil
Fig. 32 Rückenteil
Fig. 33 Oberärmel
Fig. 34 Unterärmel
Fig. 35 Kragen
a Beleg (Fig. 31)
b Paspelstreifen
c Taschenbeutel

Gr. 38 —★—★—★—★
Gr. 40 ===============
Gr. 42 ▬ ▬ ▬ ▬ ▬ ▬ ▬

Stoffverbrauch

1,90 m Stoff, 140 cm breit; ein Lederfell ca. 50 x 60 cm (den Papierschnitt zum Ledereinkauf mitnehmen); 1,50 m Futterstoff, 140 cm breit; 1 m Vlieseline H 180, 60 cm breit; Knöpfe und Schulterpolster.

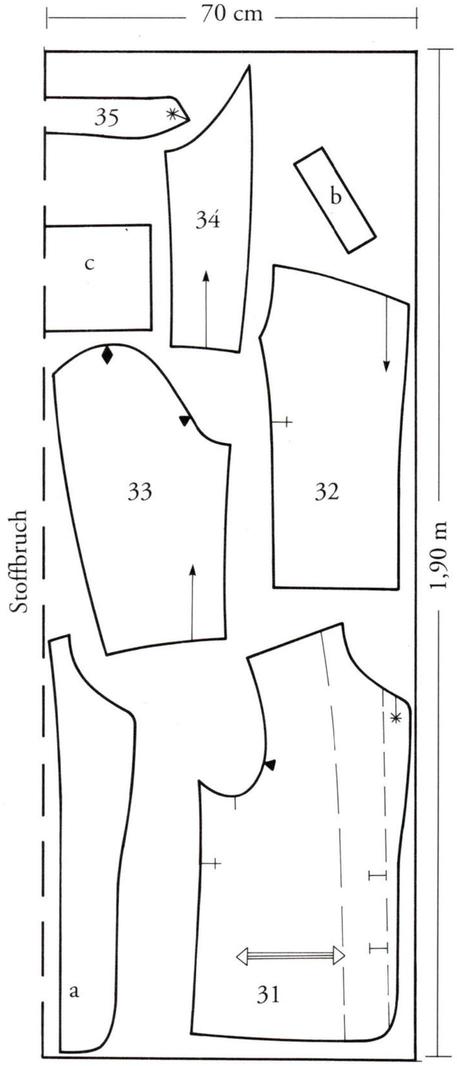

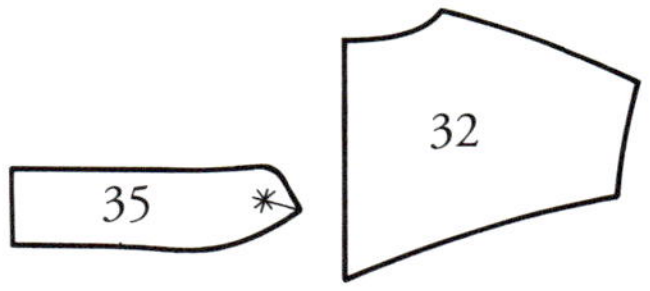

Schnitteile aus Leder

Fachausdrücke und Nähsymbole

Absteppen

Knappkantig absteppen heißt: Man steppt etwa 2 mm neben einer Naht oder an einer Kante entlang. Steppfußbreit absteppen bedeutet: Man steppt 8 mm (Breite des Steppfußes) neben einer Naht oder an einer Kante entlang.

Belege

Das sind in Form geschnittene Stoffteile, manchmal auch „Formstreifen" genannt, mit denen man Kanten versäubert. Sie sind im allgemeinen genauso zugeschnitten wie das zu versäubernde Stoffteil (Kragen, Taschen, Revers usw.). Man legt sie rechts auf rechts, näht sie zusammen und wendet sie um, so daß die Nahtzugabe innen liegt. Dieser Nähvorgang heißt verstürzen. Sogenannte angeschnittene Belege findet man meist an geraden Kanten – zum Beispiel an einem Rock. Angeschnittene Belege sind immer mit auf dem Schnitt eingezeichnet.

Einhalten

Das ist nötig, wenn ein Kleidungsstück für die nötige Bewegungsfreiheit Überweite braucht – zum Beispiel am Ärmel. Der Stoff wird dann mit einem Ziehfaden leicht eingezogen und so festgesteppt, daß keine Kräuselfältchen entstehen. Am besten bügelt man die Überweite mit feuchter Hitze leicht ein.

Stoffbruch

Das heißt: Hier liegt der Stoff doppelt aufeinander und hat keine Naht. In den Bruch legen bedeutet, daß die Schnitt- bzw. Webkanten aufeinanderliegen, dadurch ergibt sich automatisch der Bruch.

Obertritt – Untertritt

Hier überlappen sich zwei Kanten – zum Beispiel an einer Jacke oder an einem Bündchen. Der Untertritt liegt dabei immer unter dem Obertritt.

Die Nähsymbole in den Zeichnungen bedeuten:

Mit der Schere einschneiden oder einknipsen

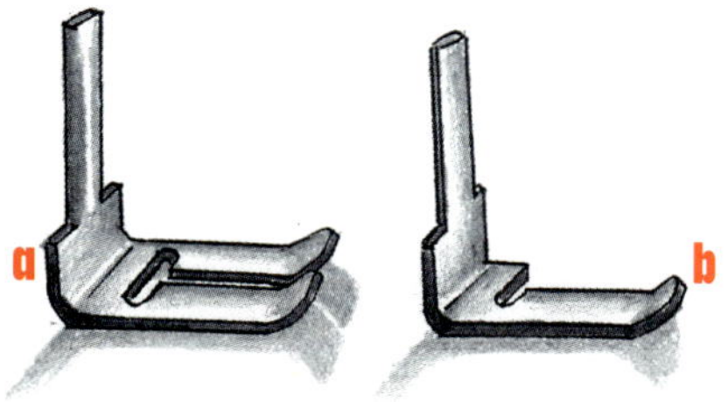

Mit ganzem (a) oder halbem (b) Nähfuß steppen

Bügeln

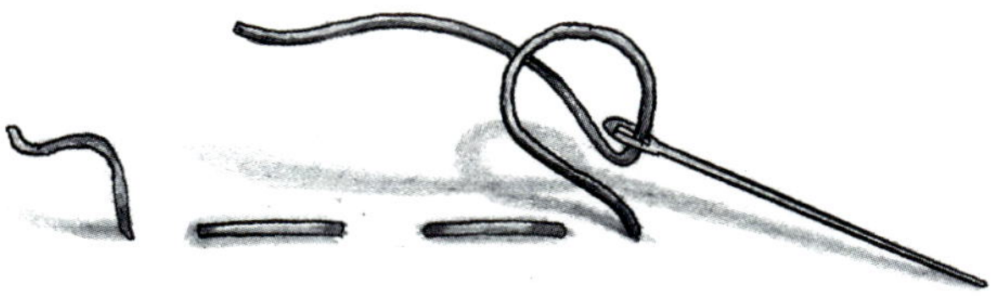

Mit der Hand heften

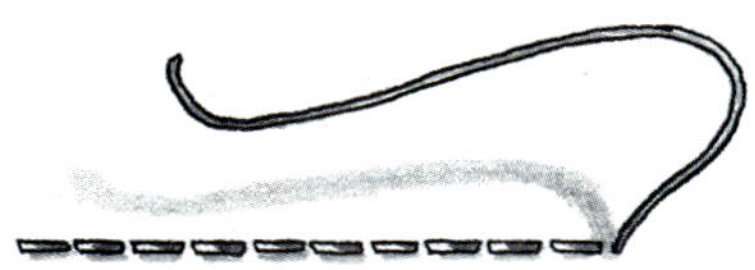

Mit der Maschine heften oder steppen